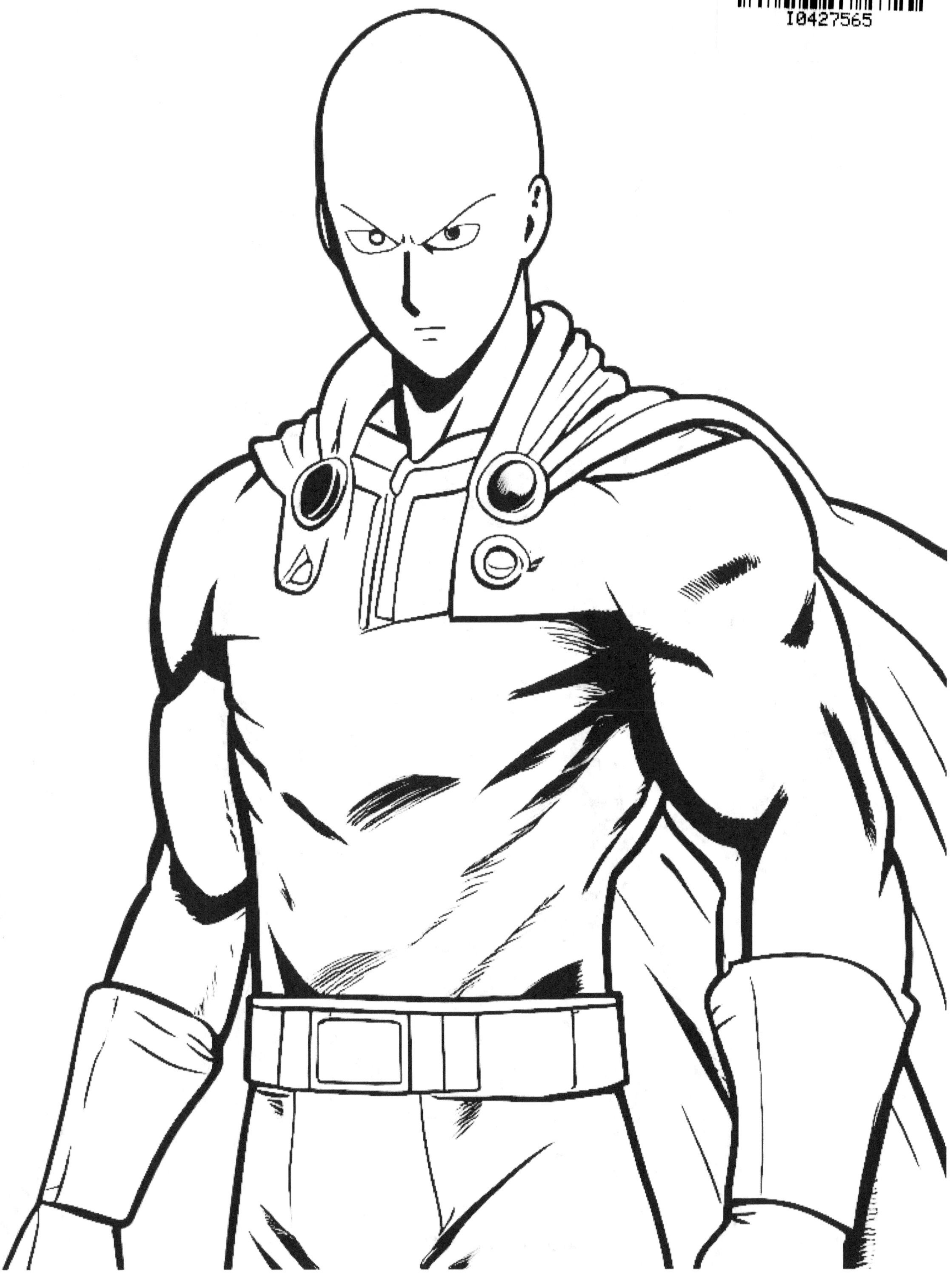

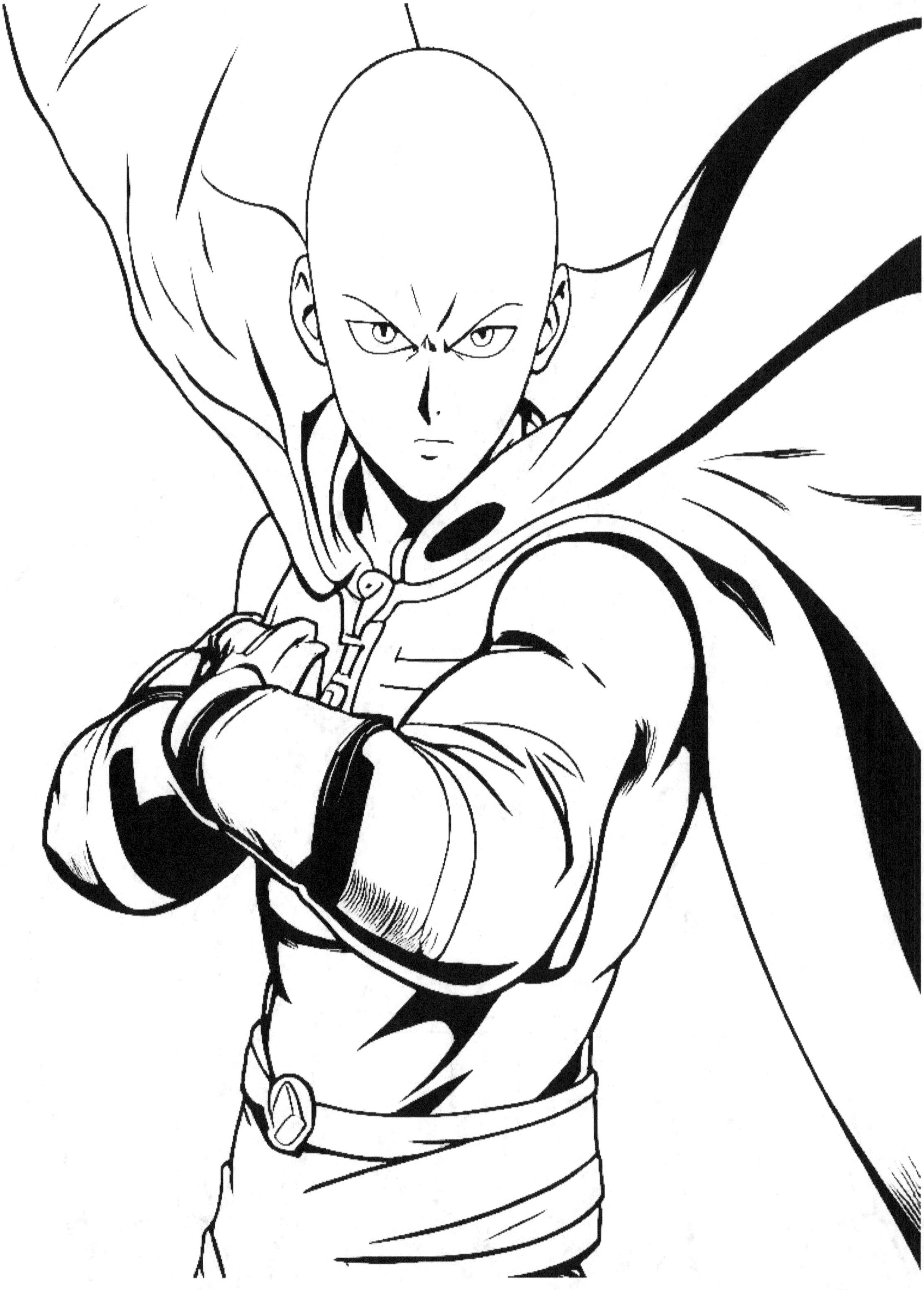

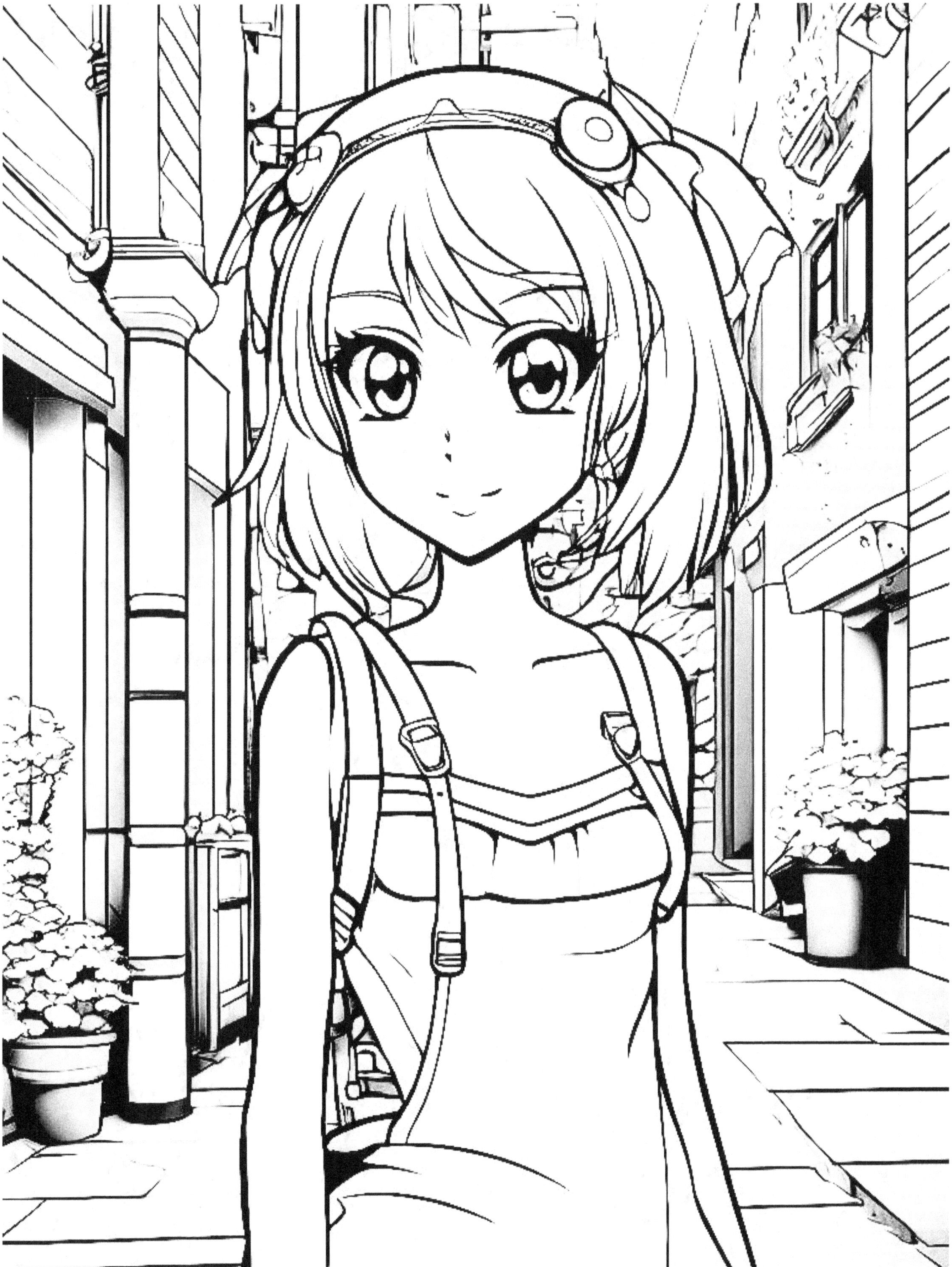

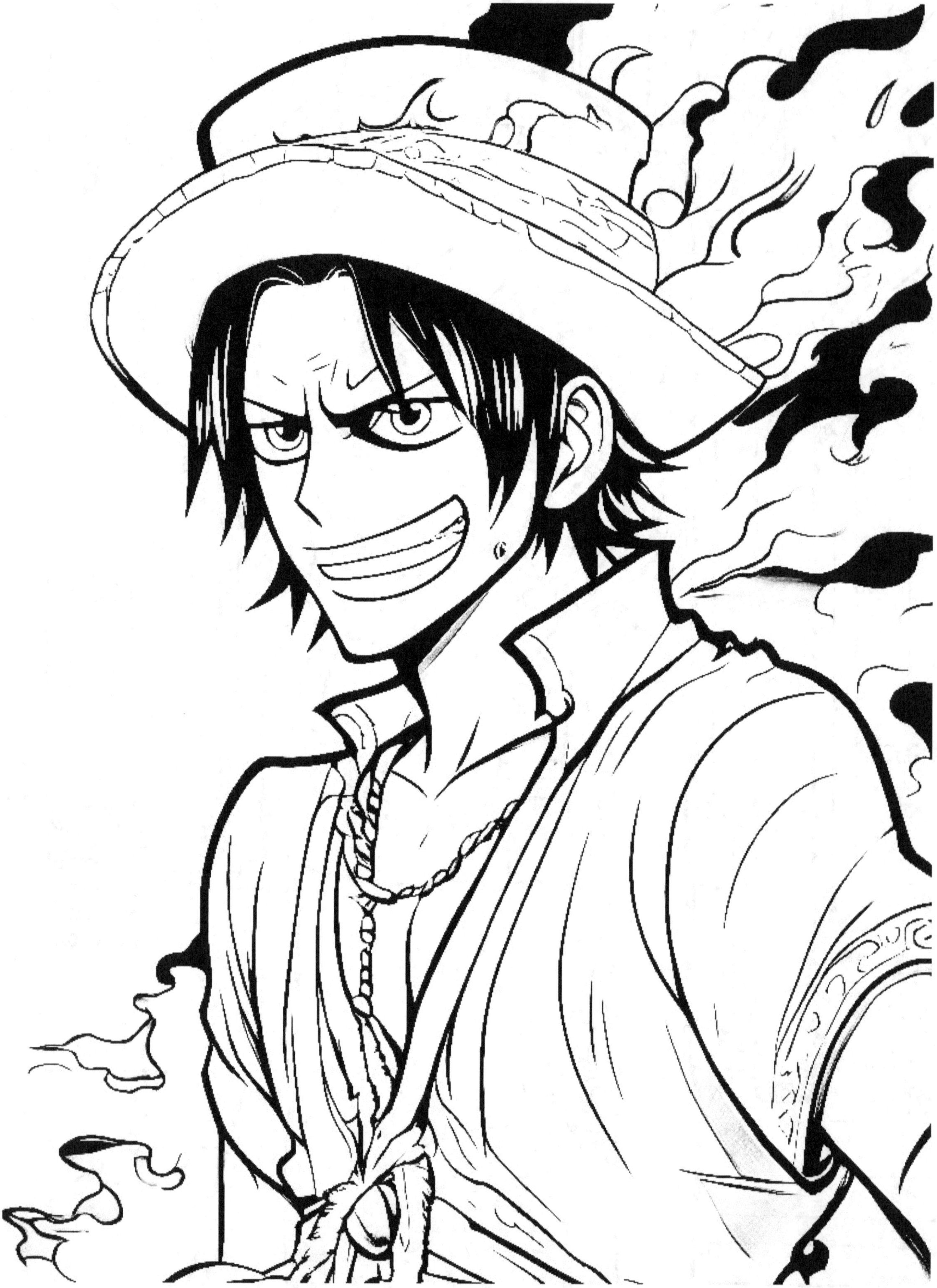

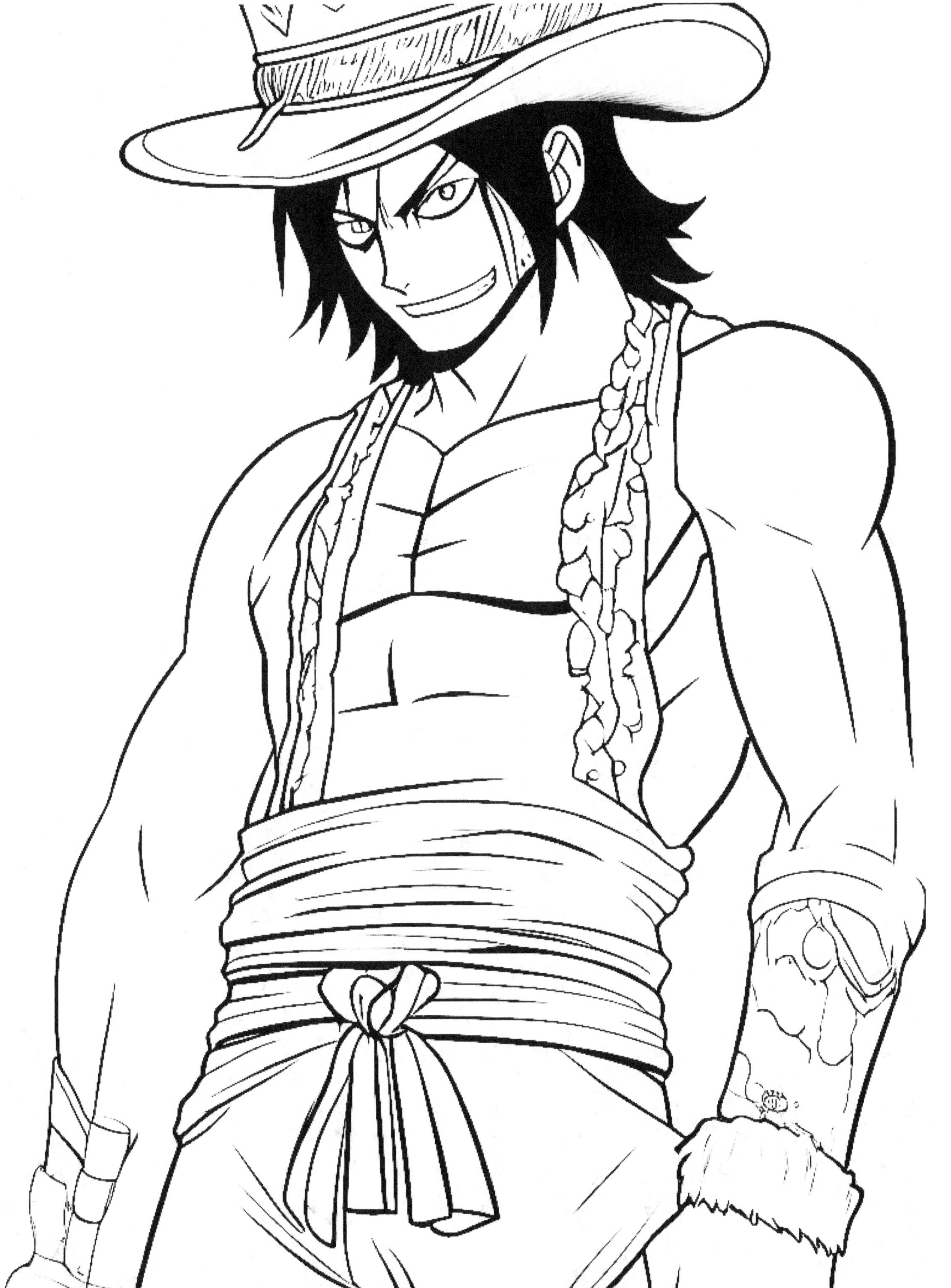

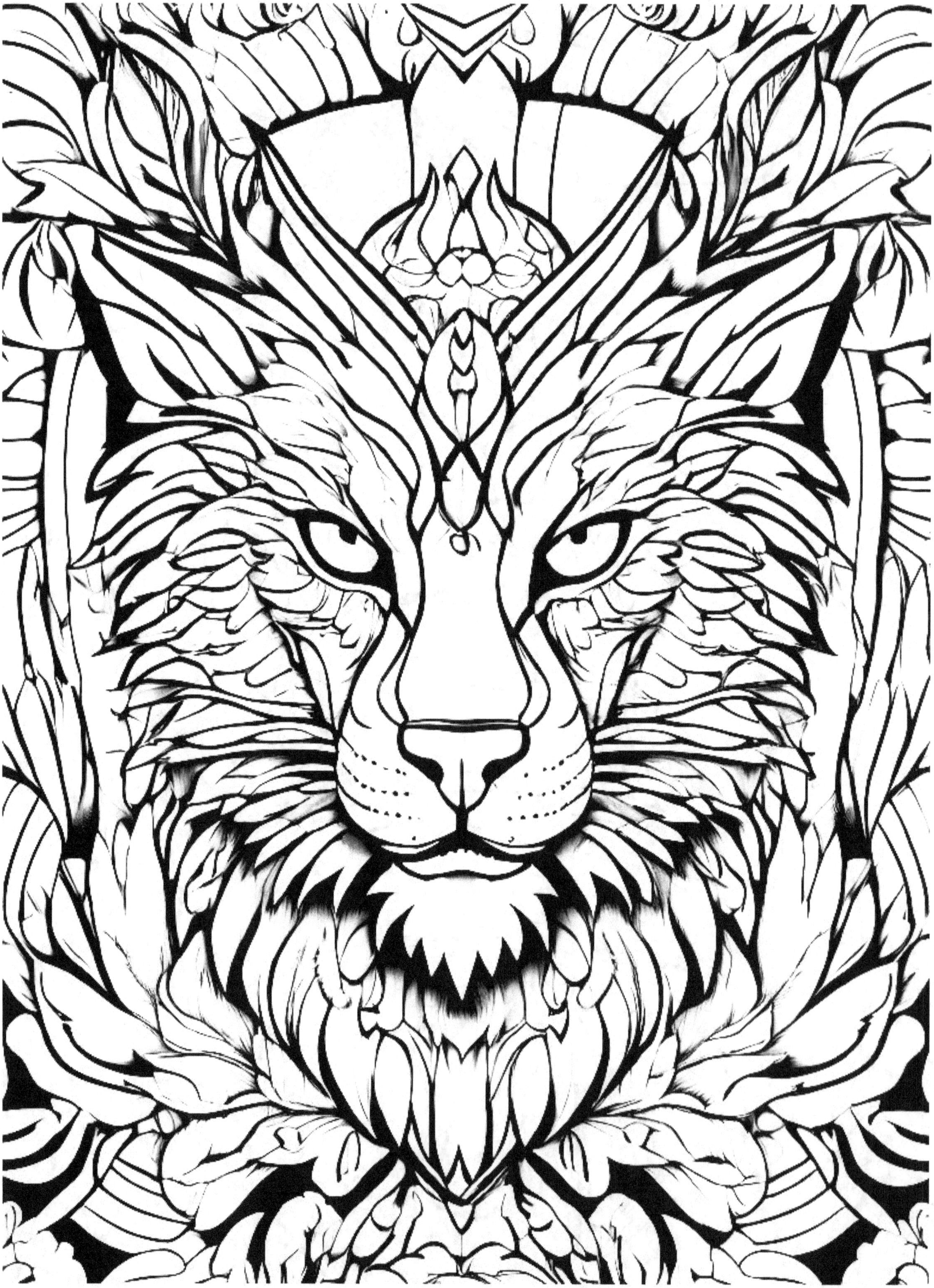

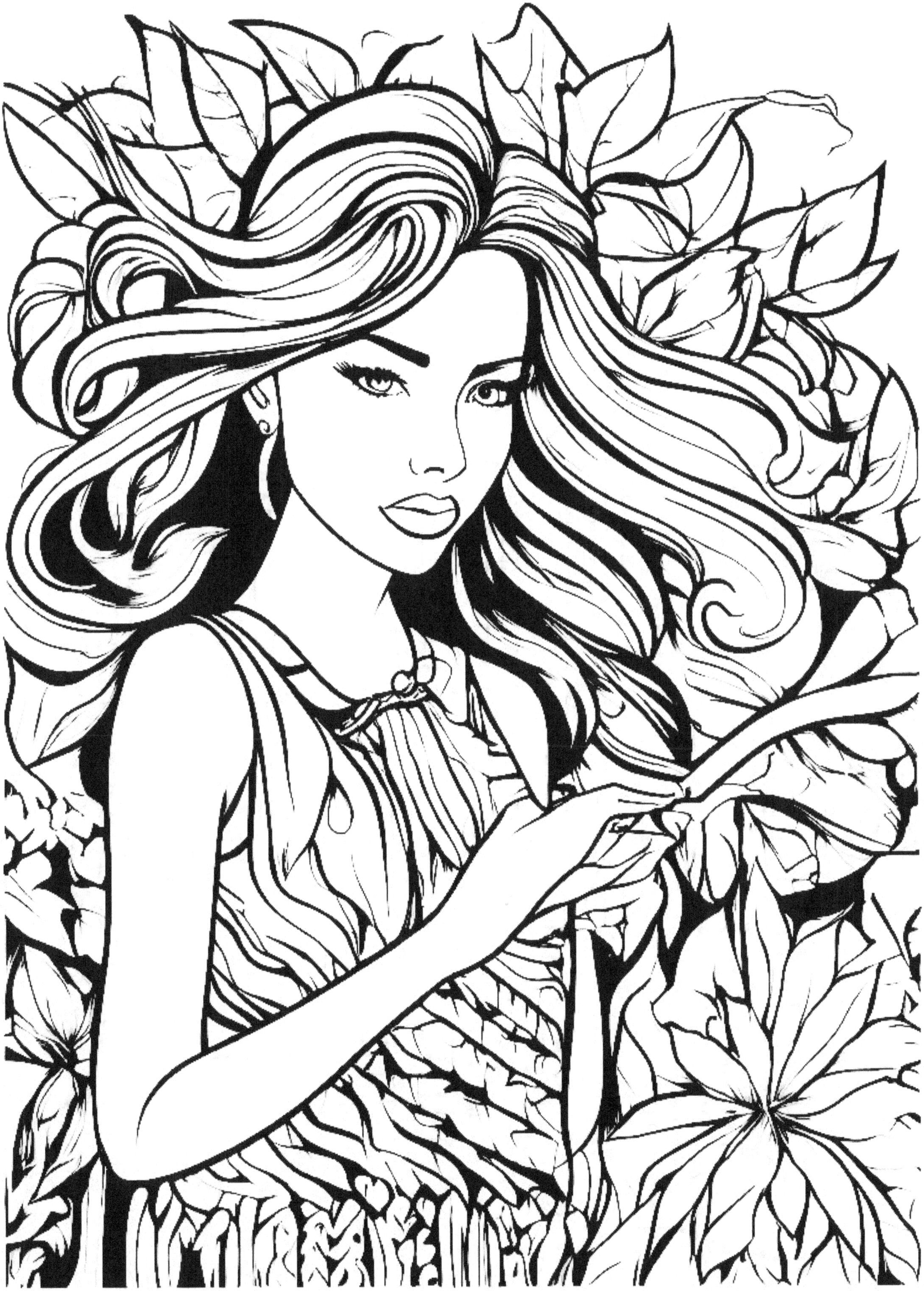

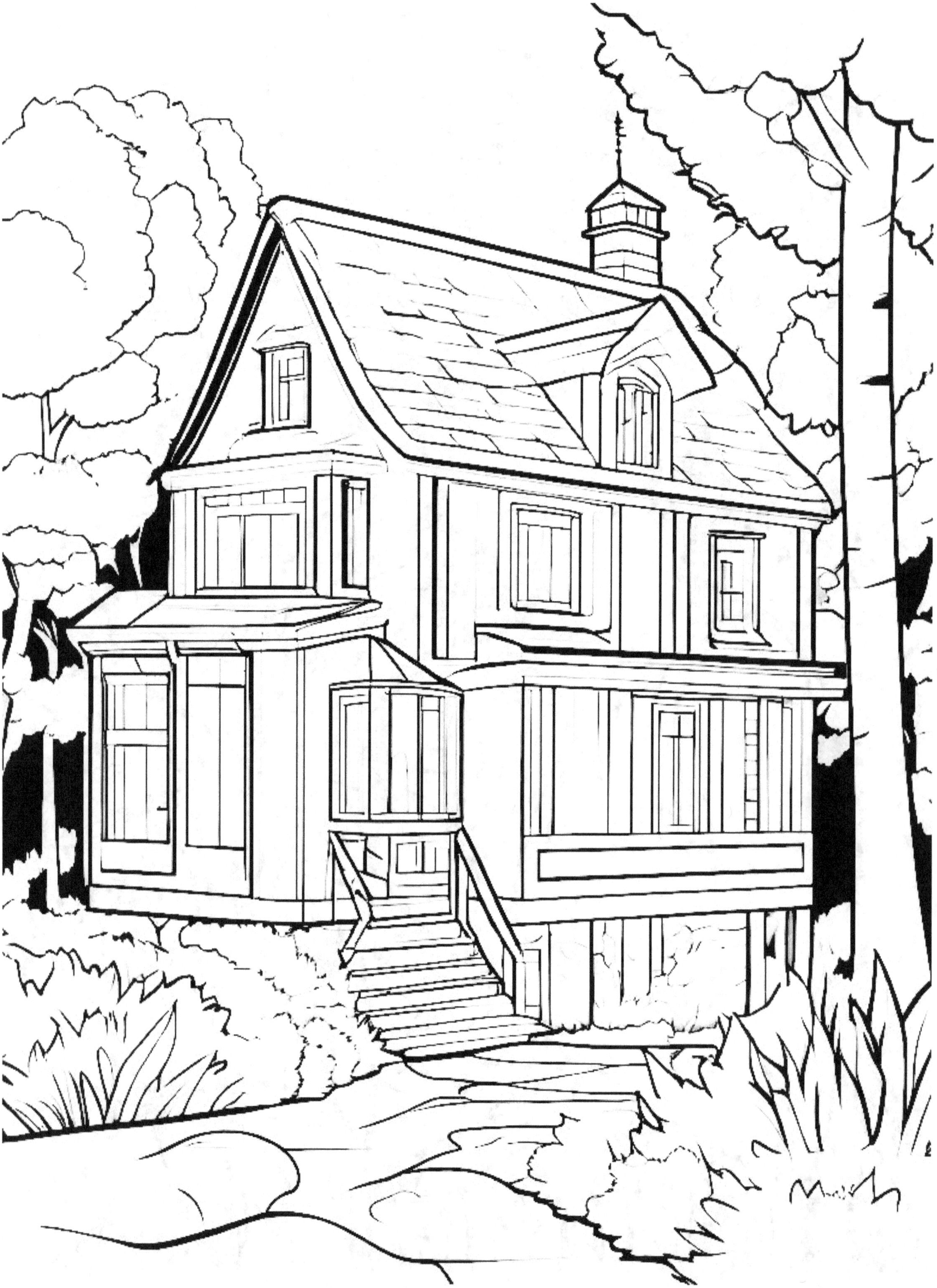

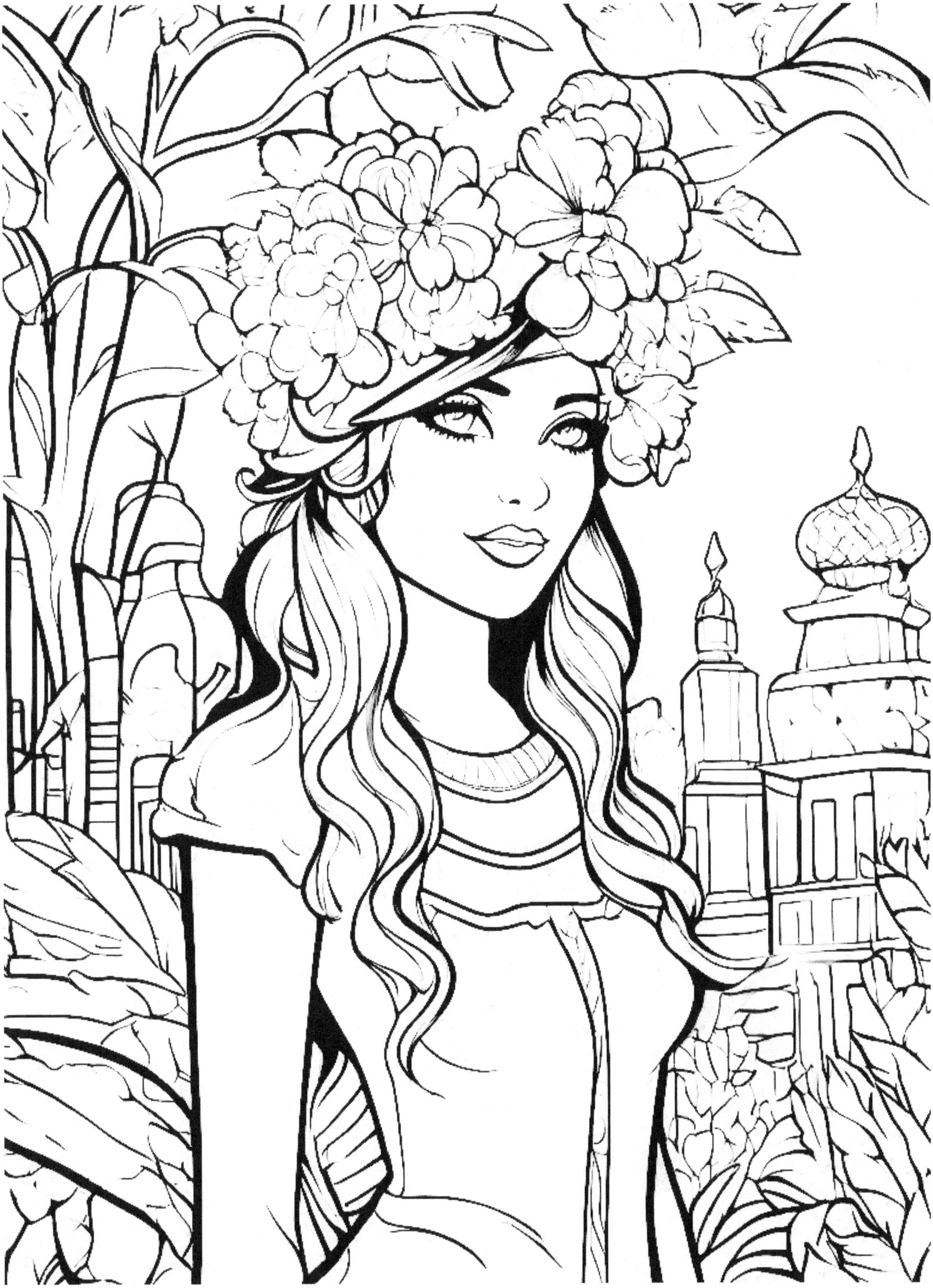

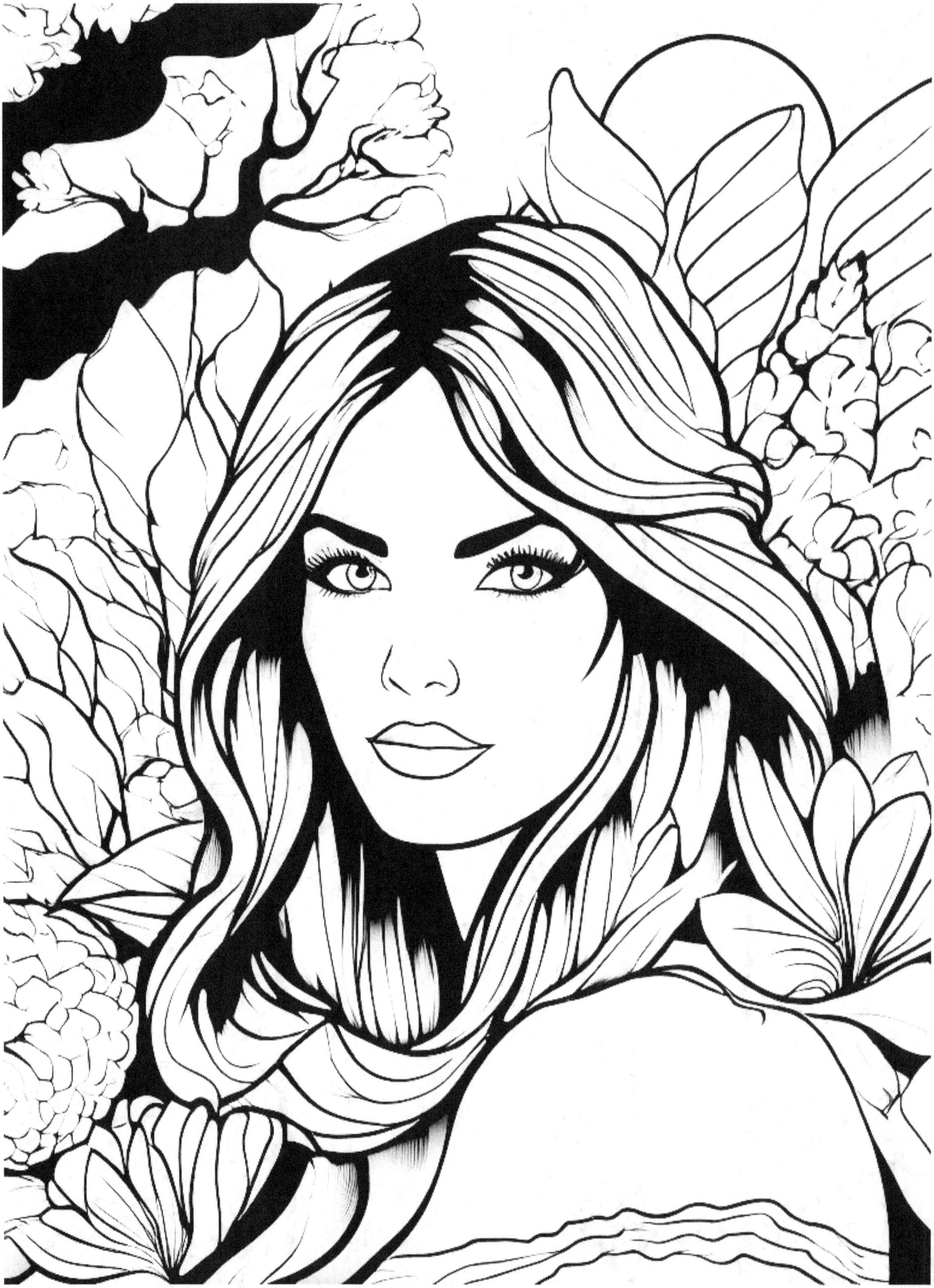

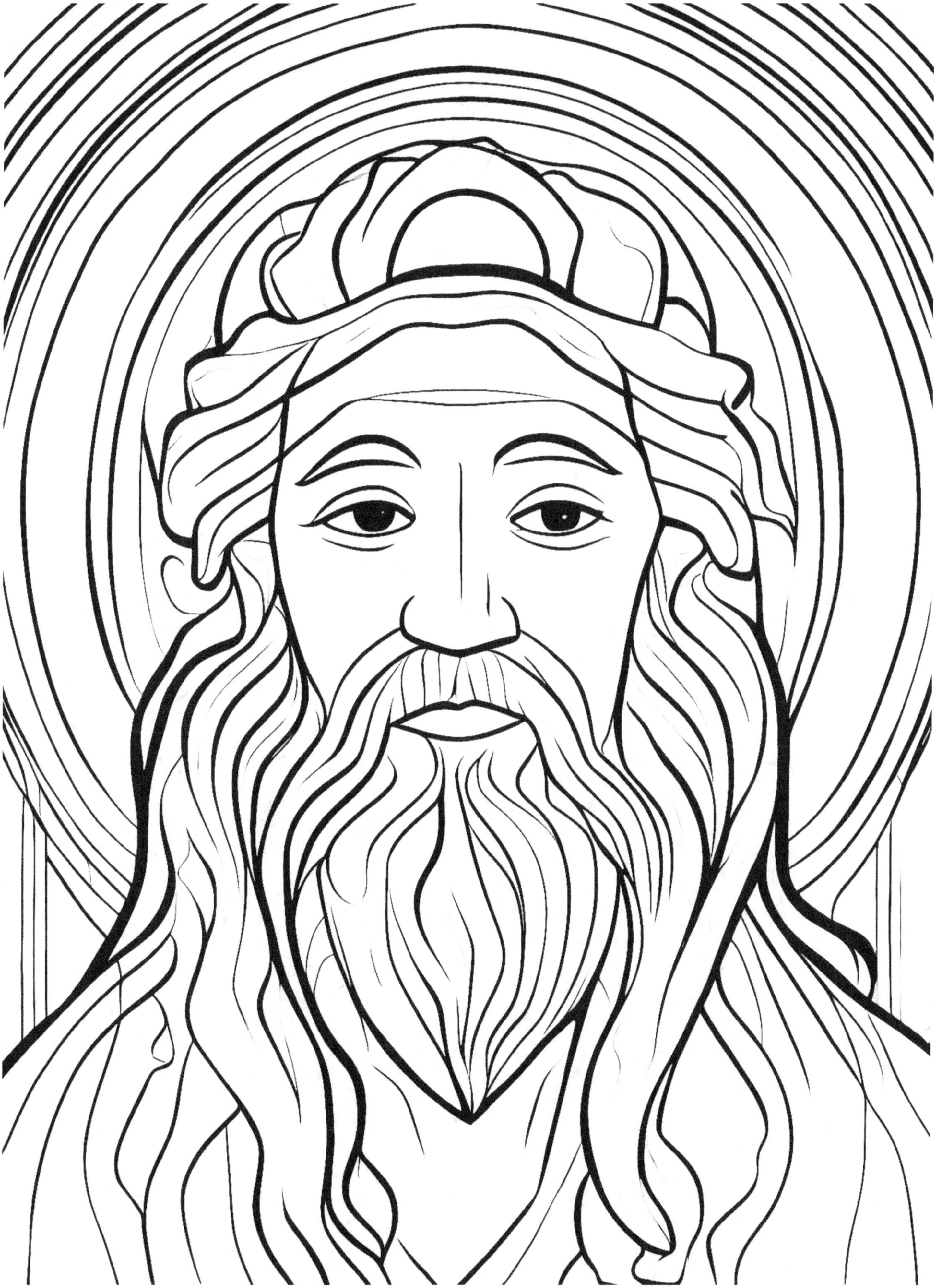

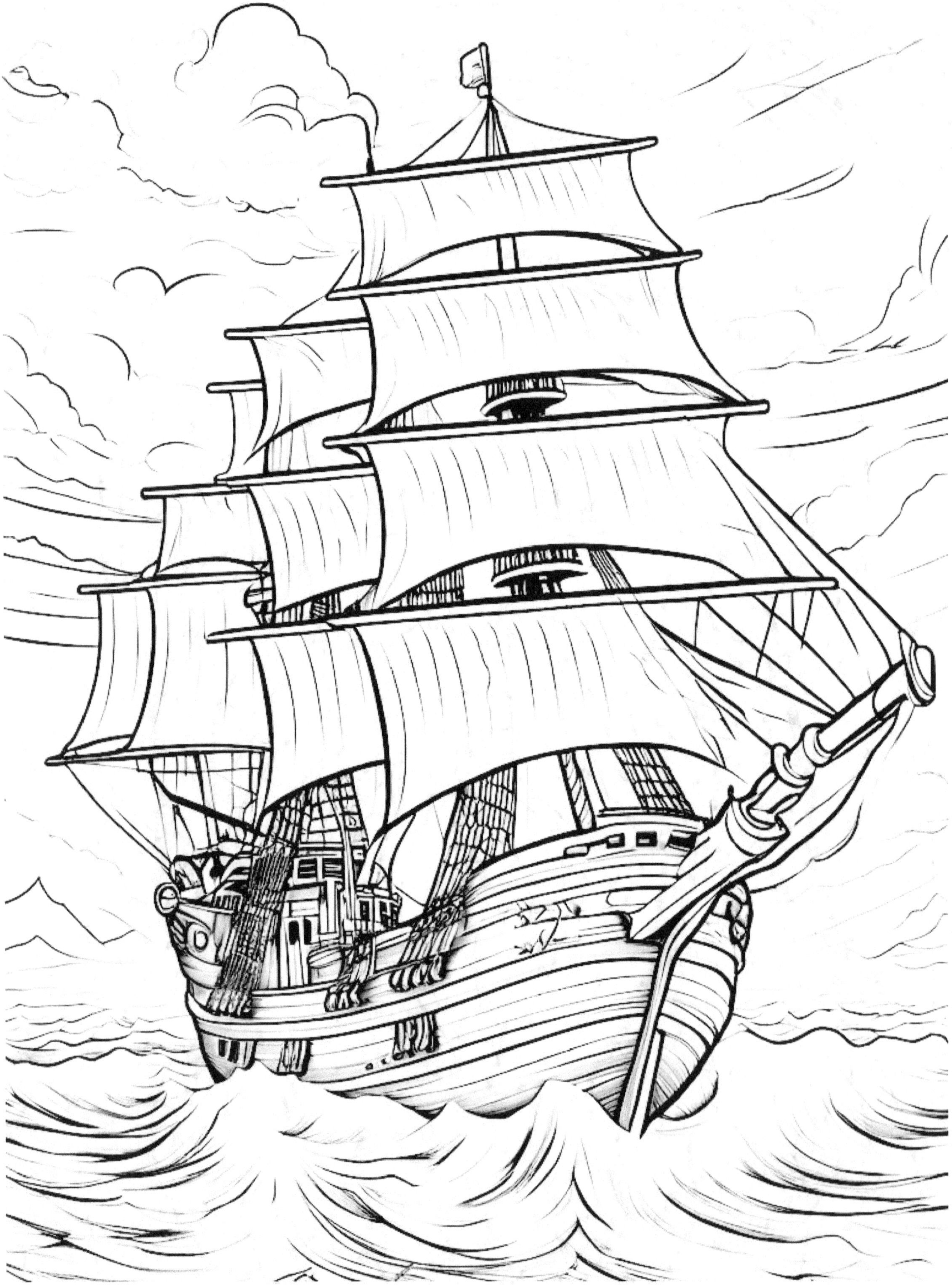

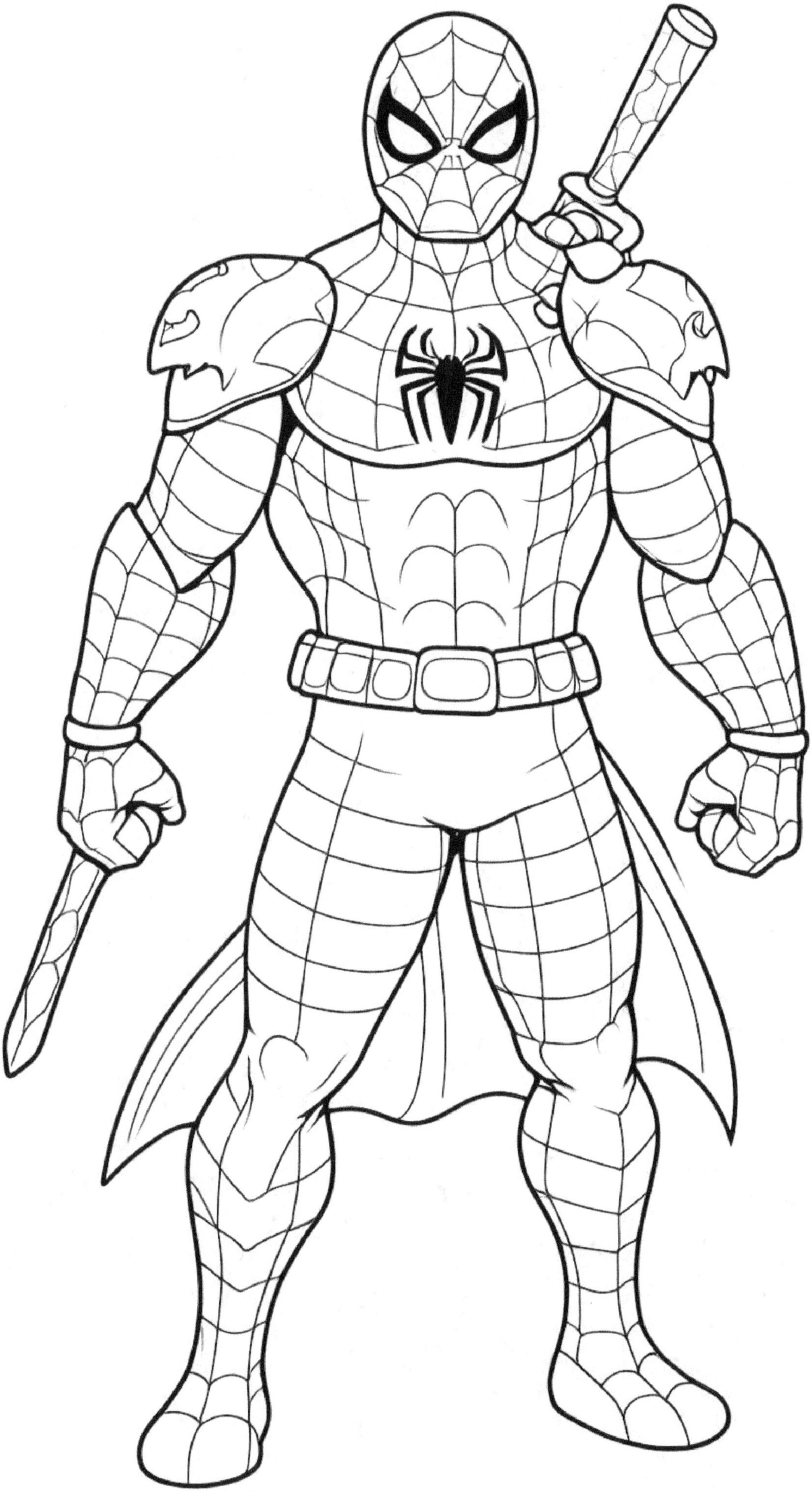

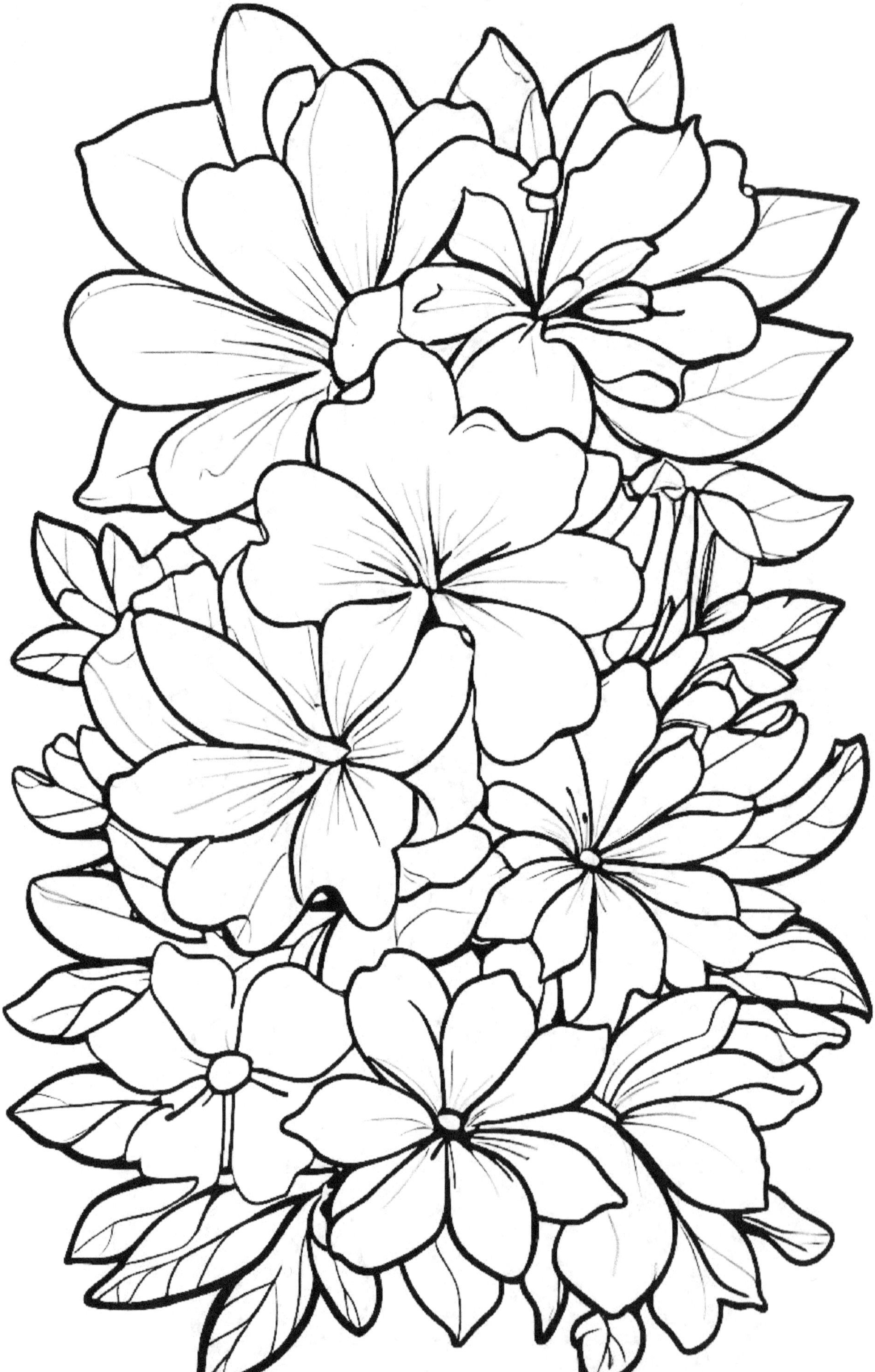

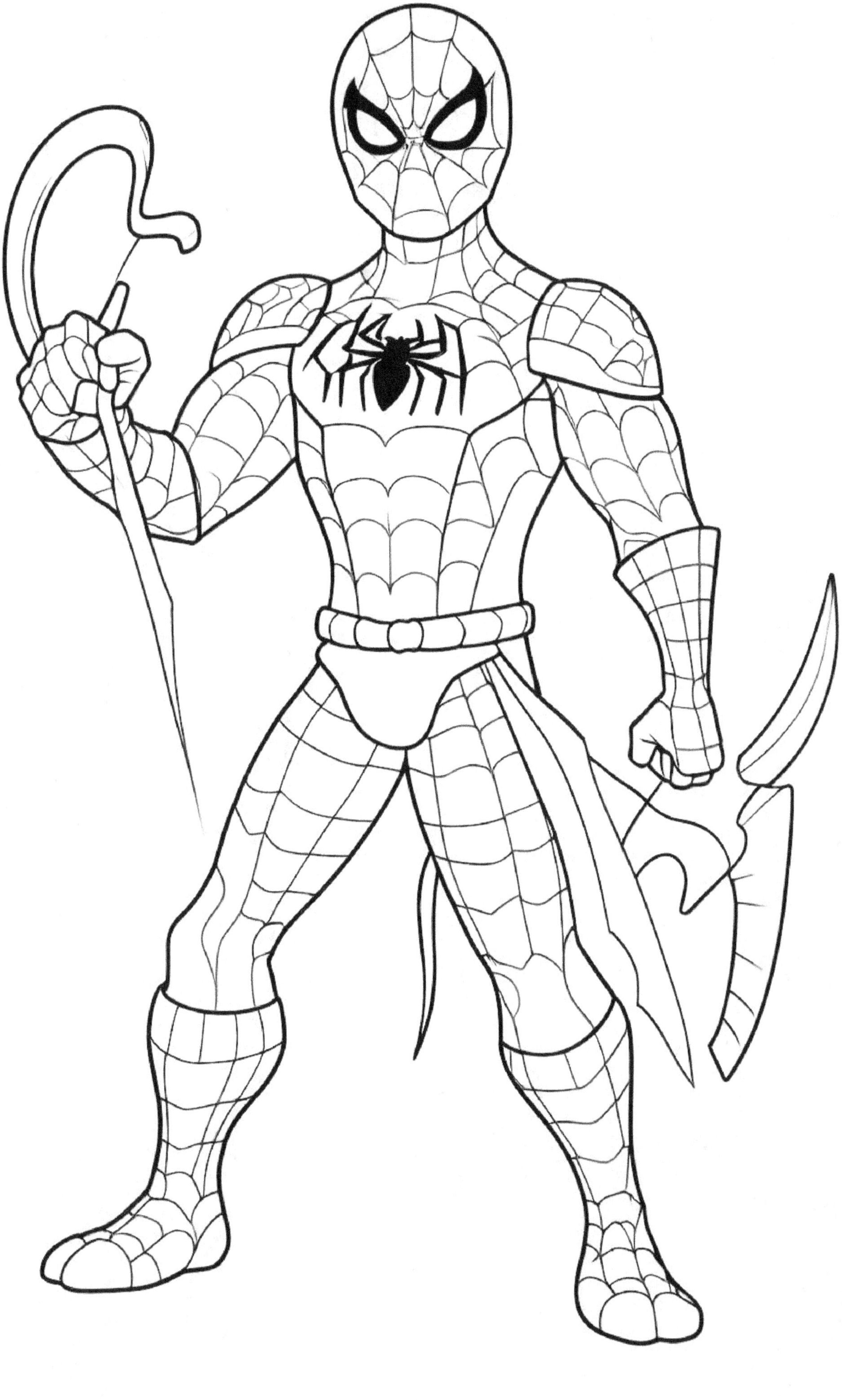

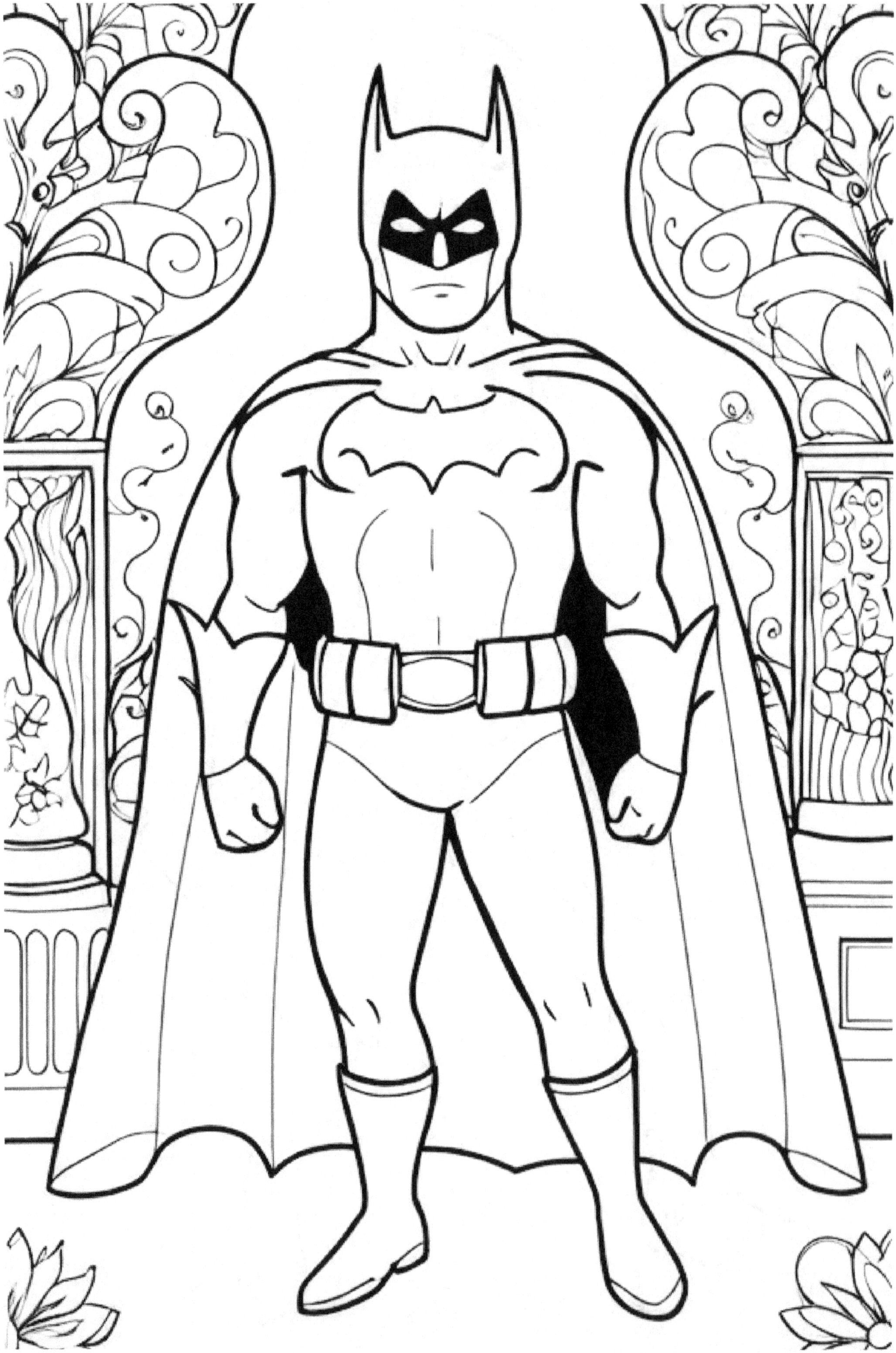

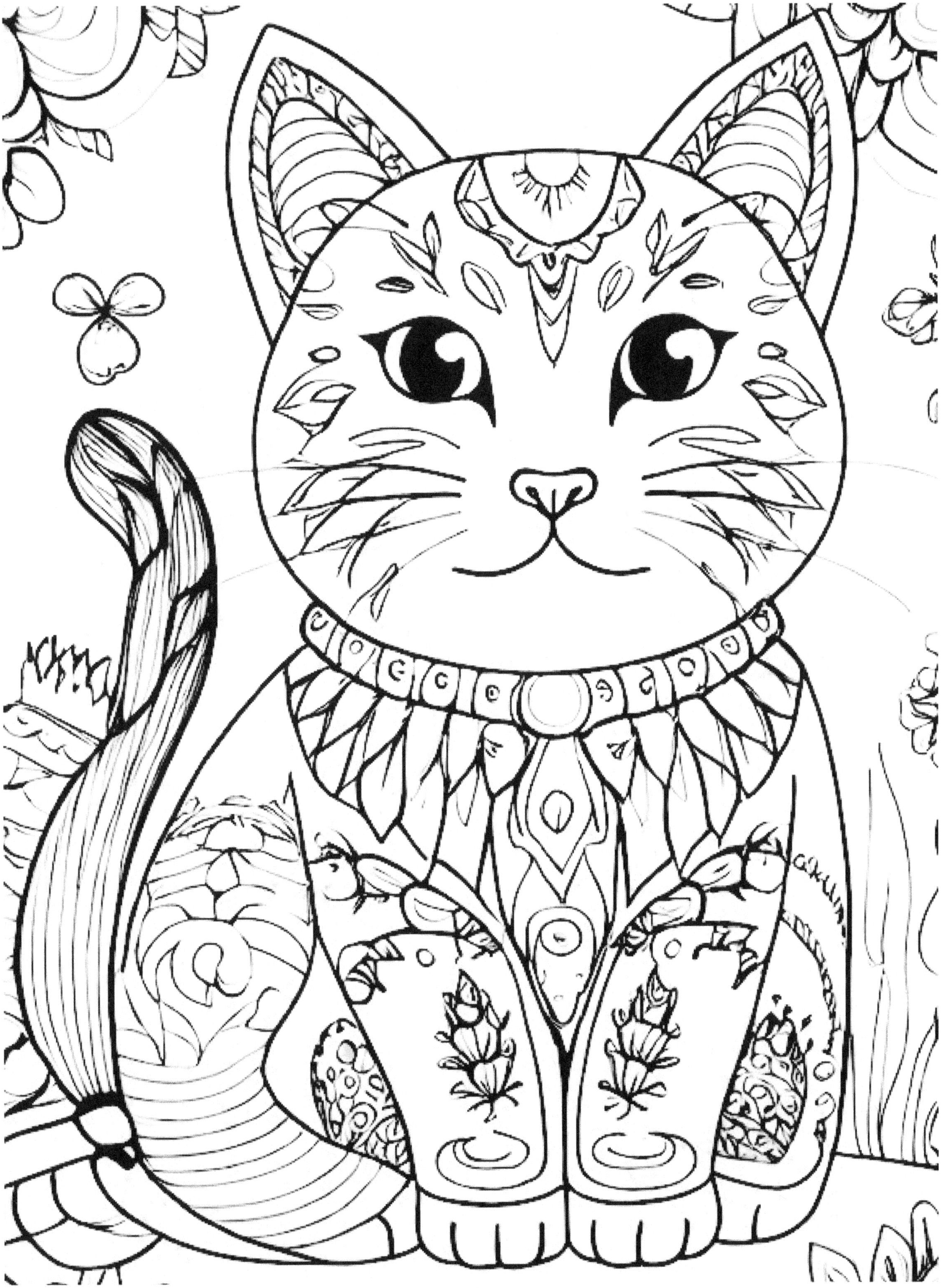

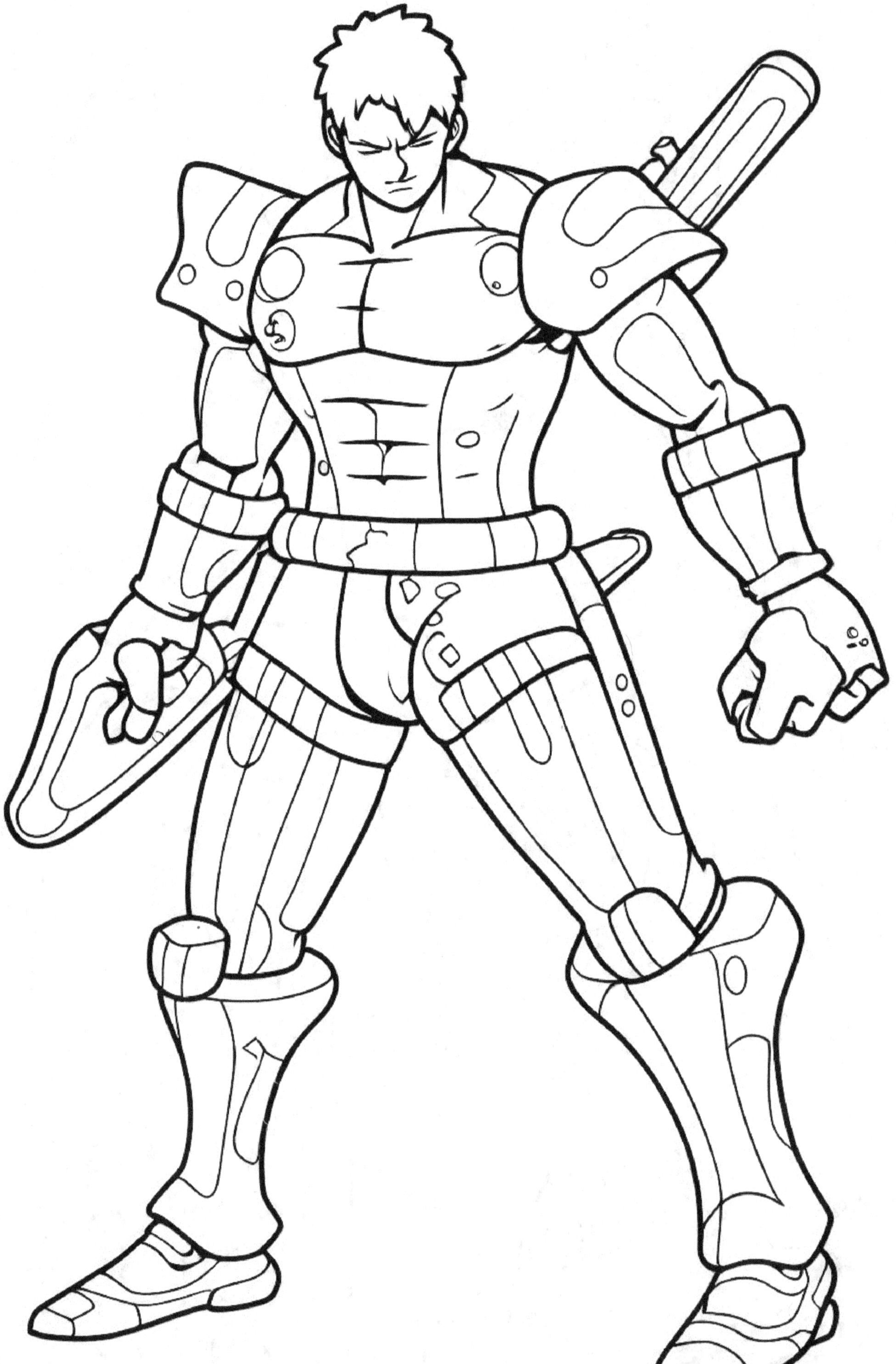

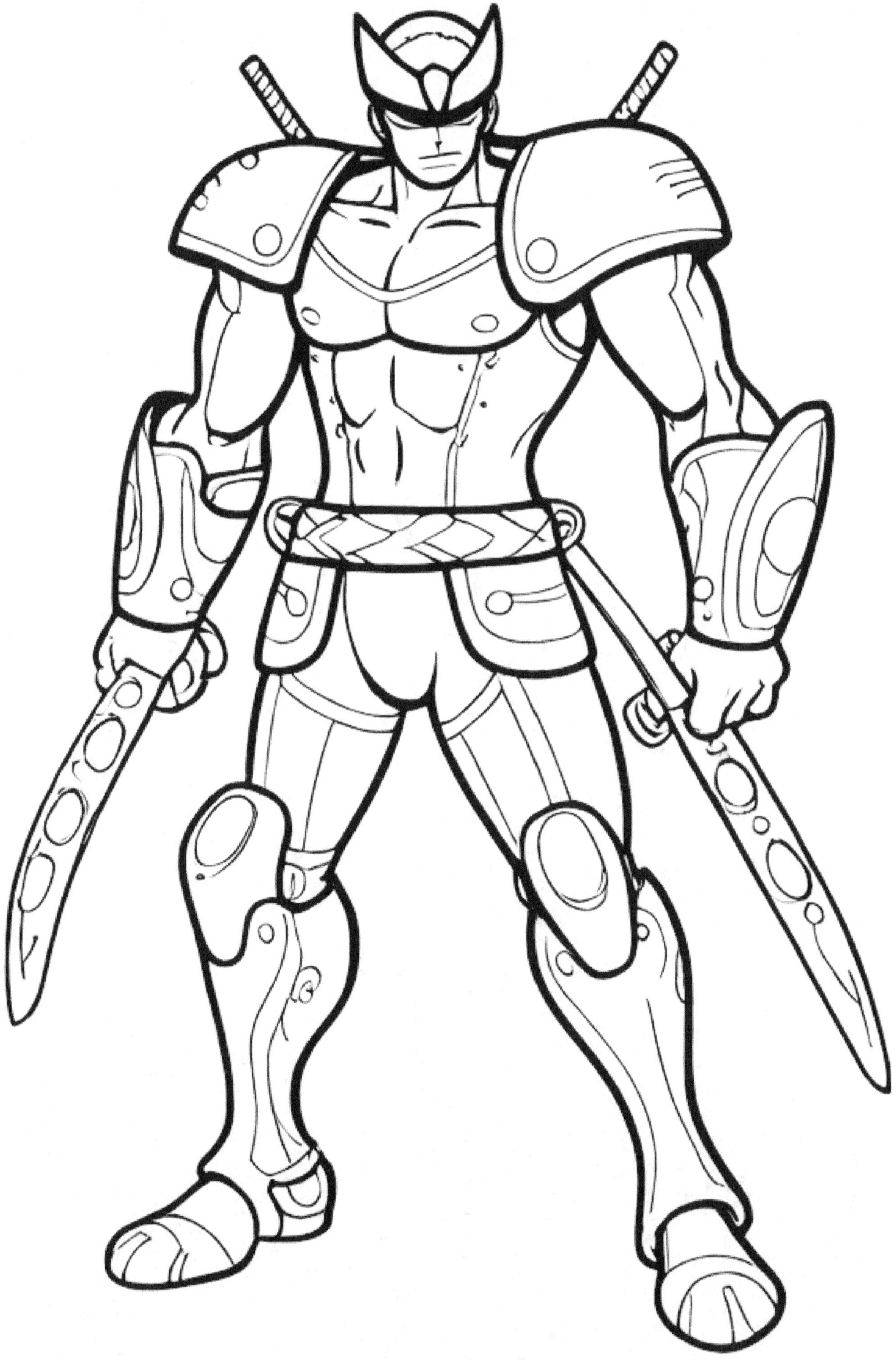

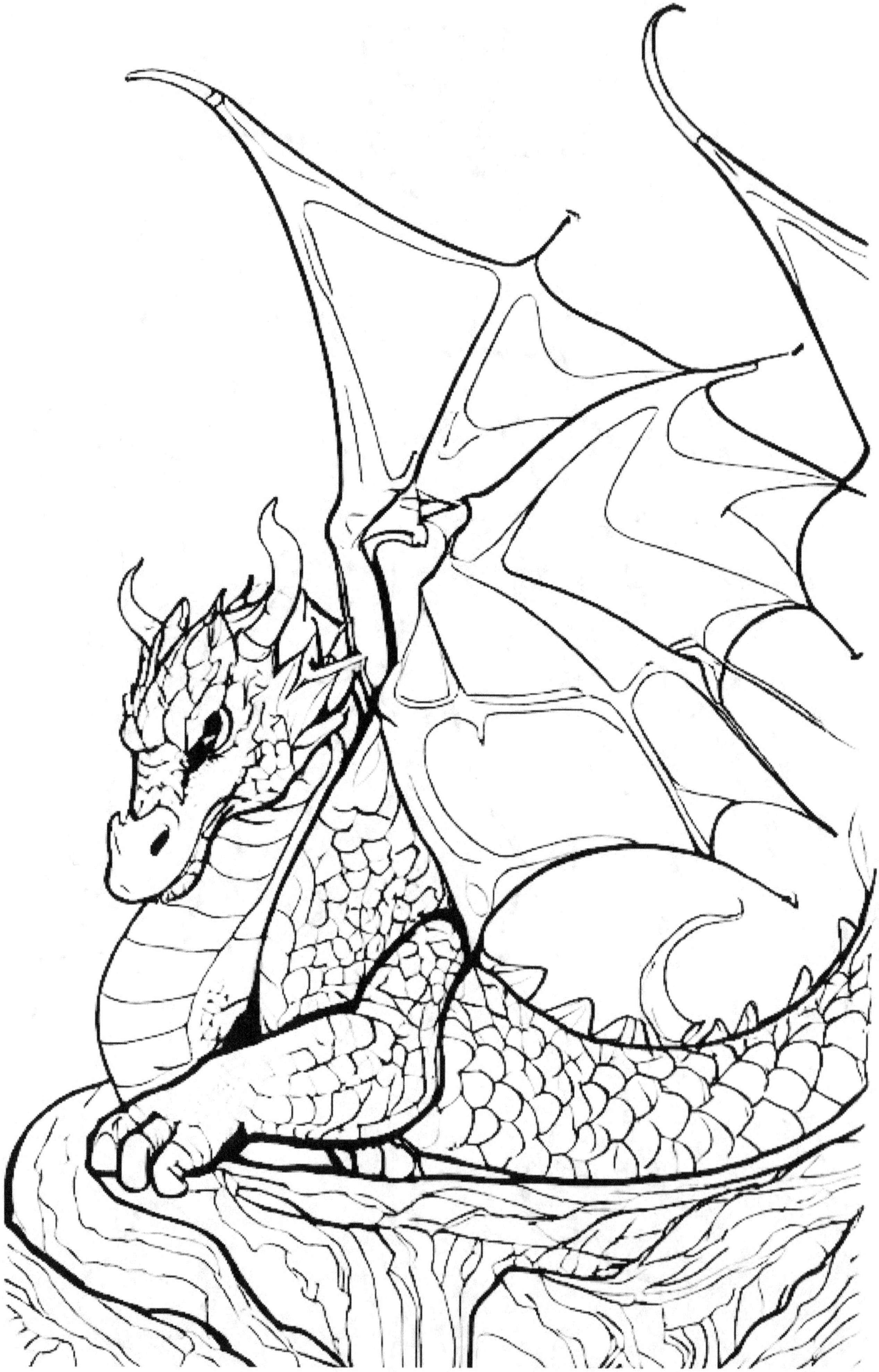

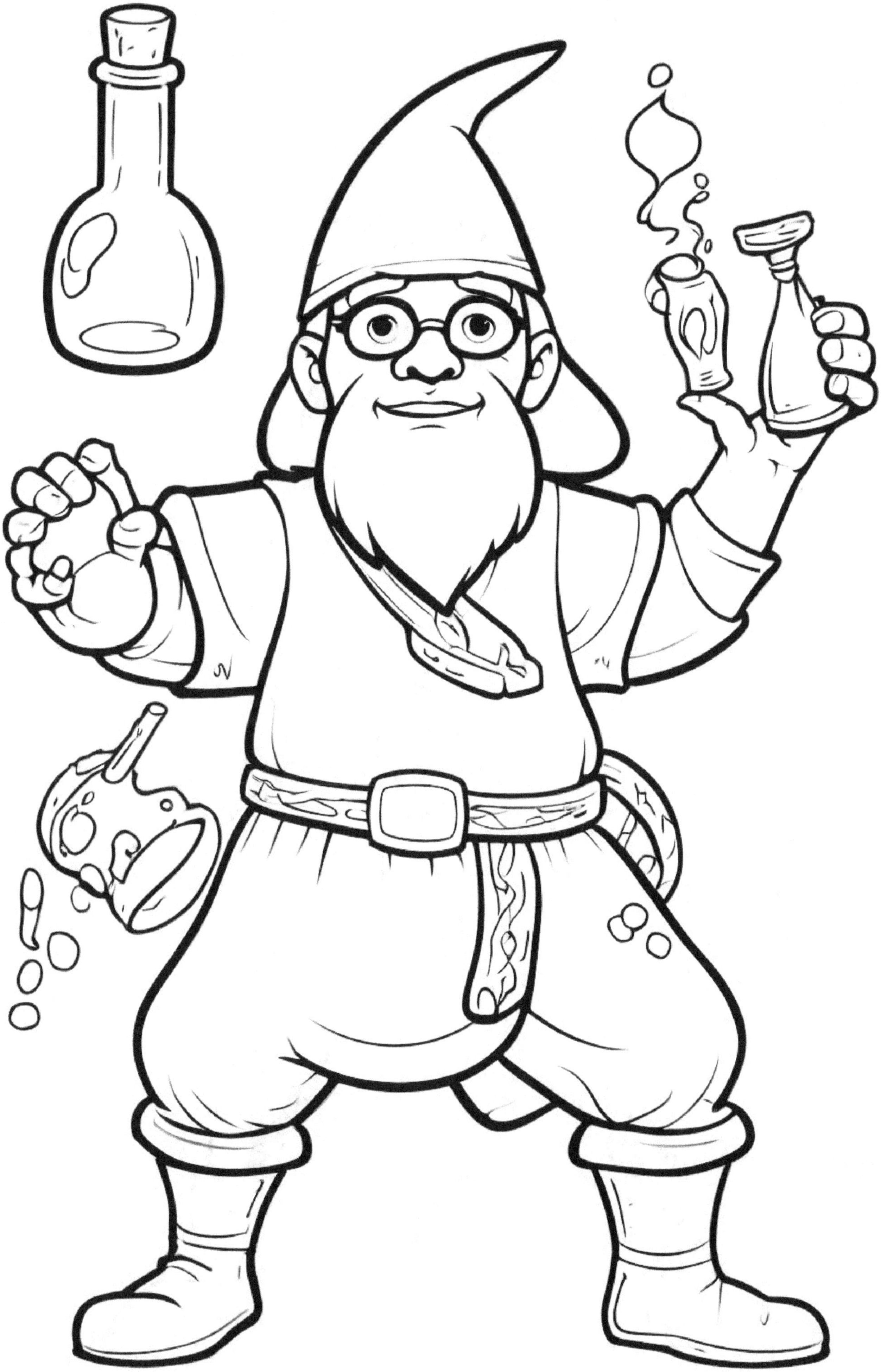

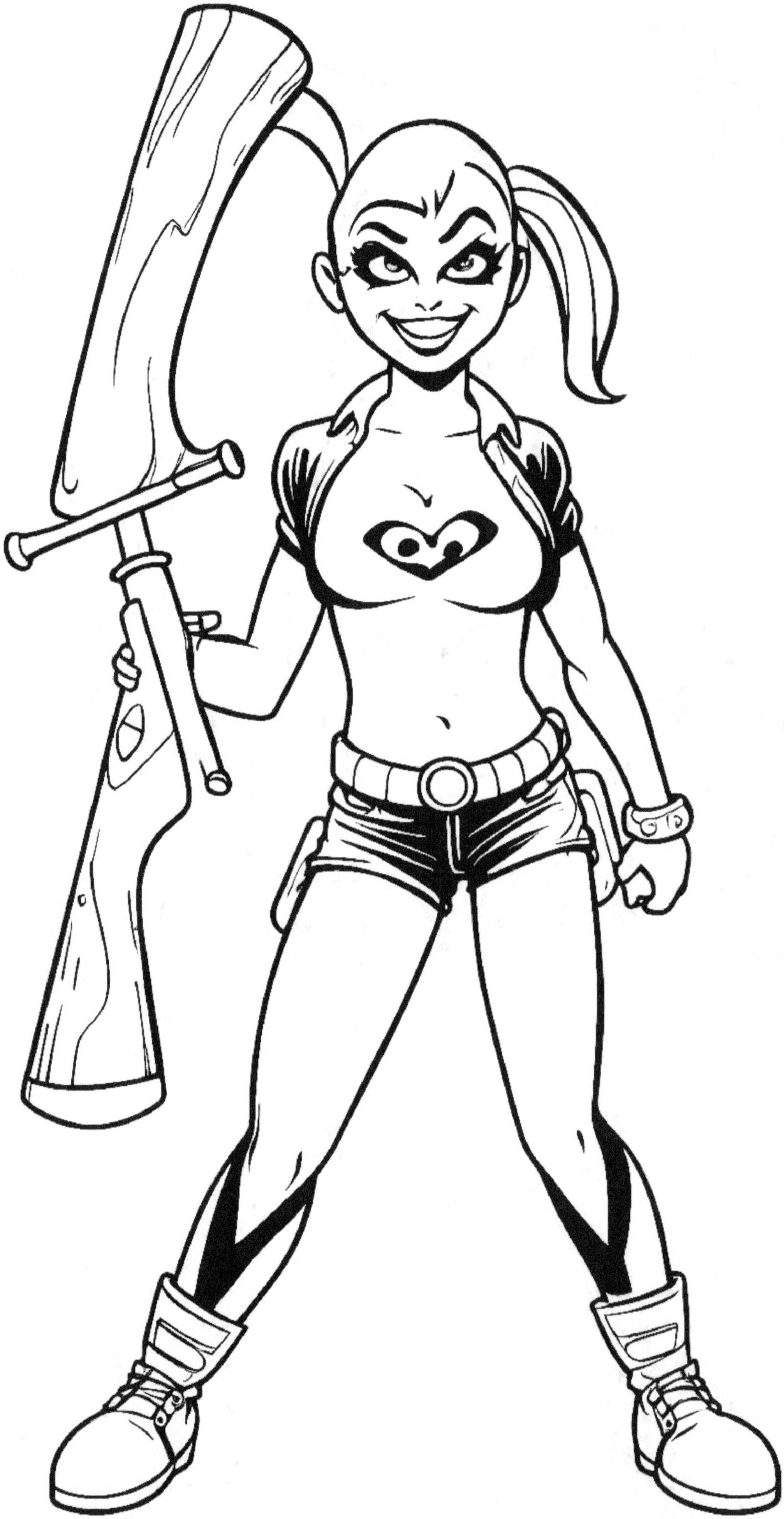

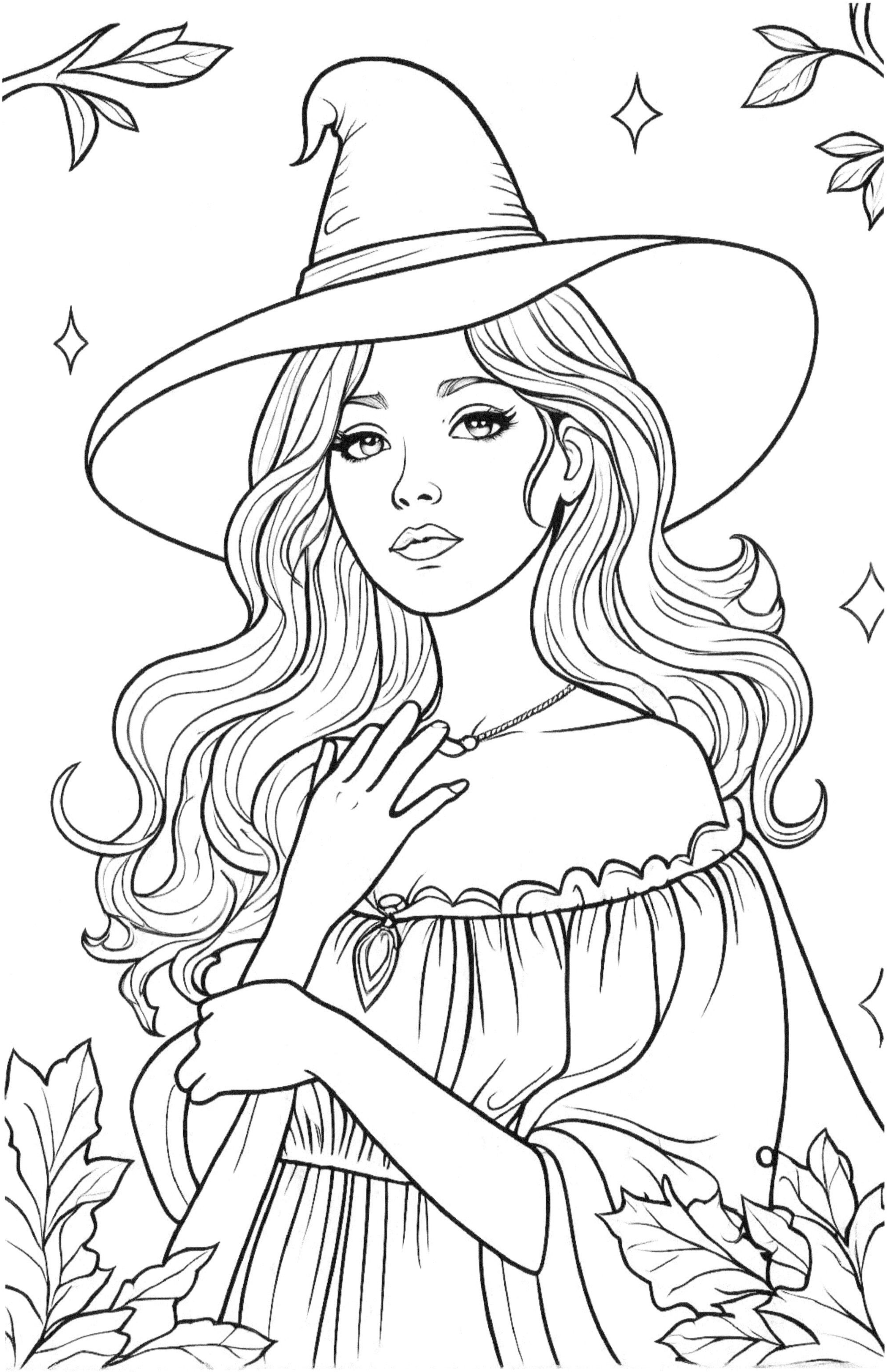

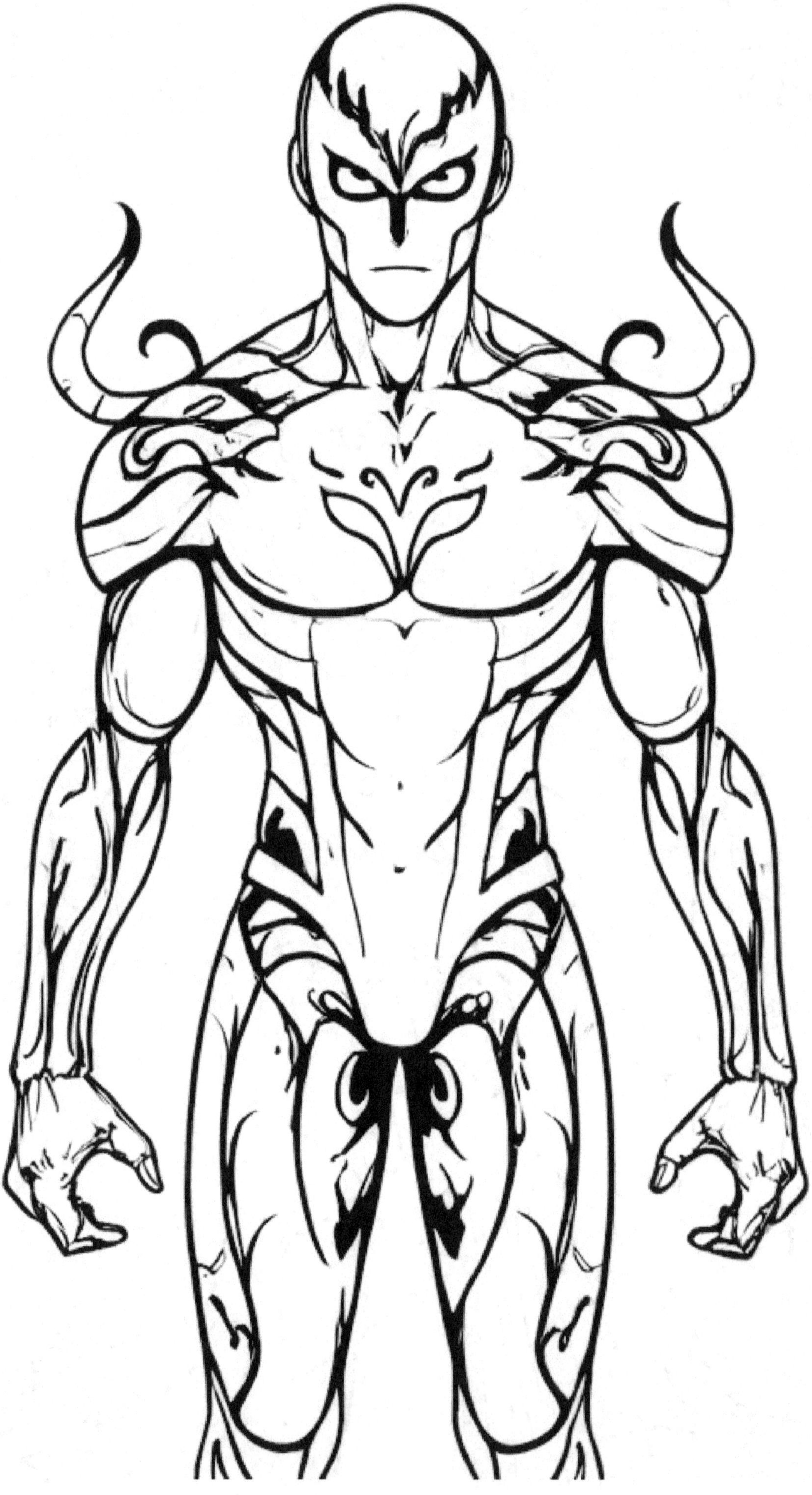

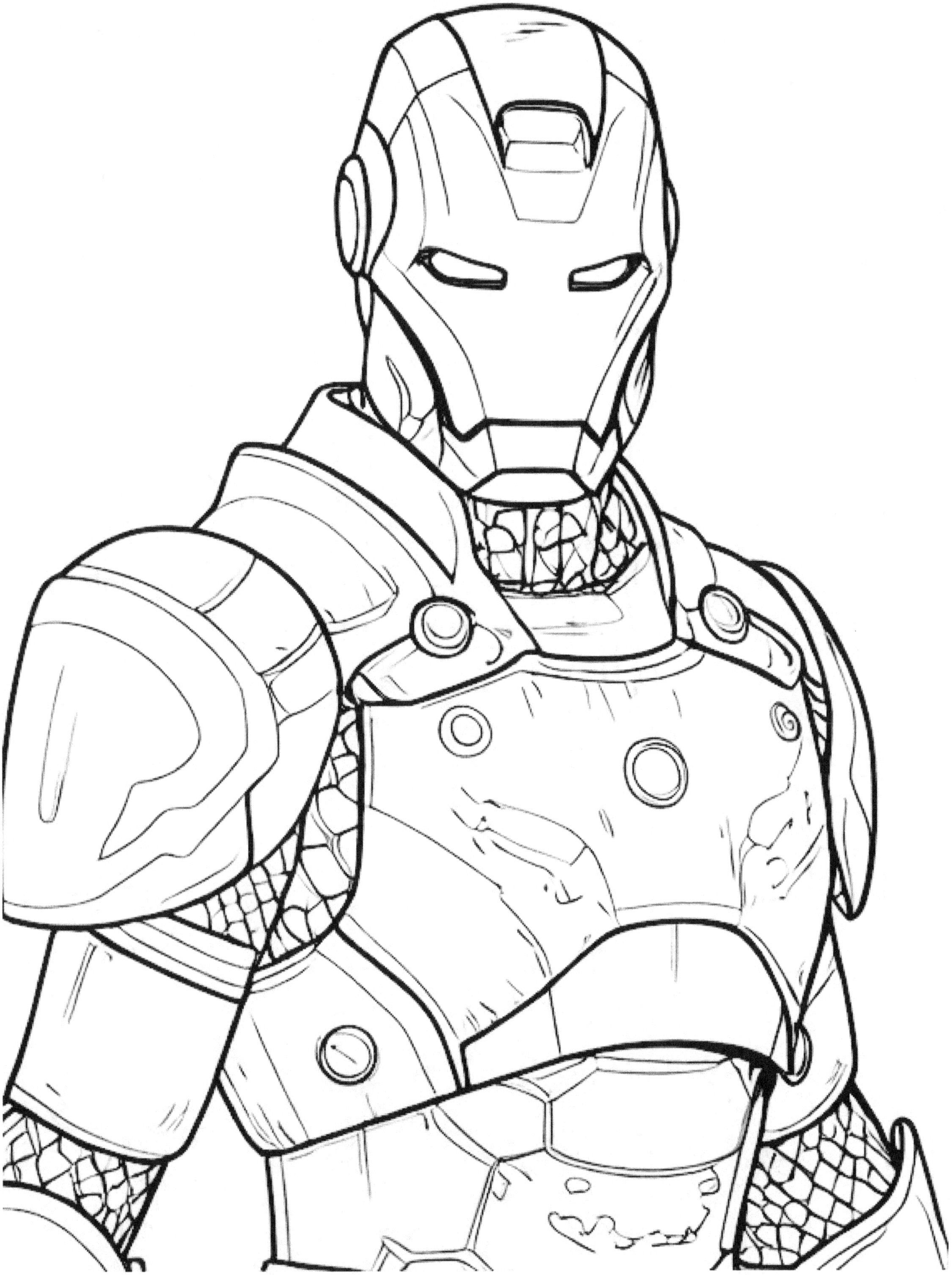

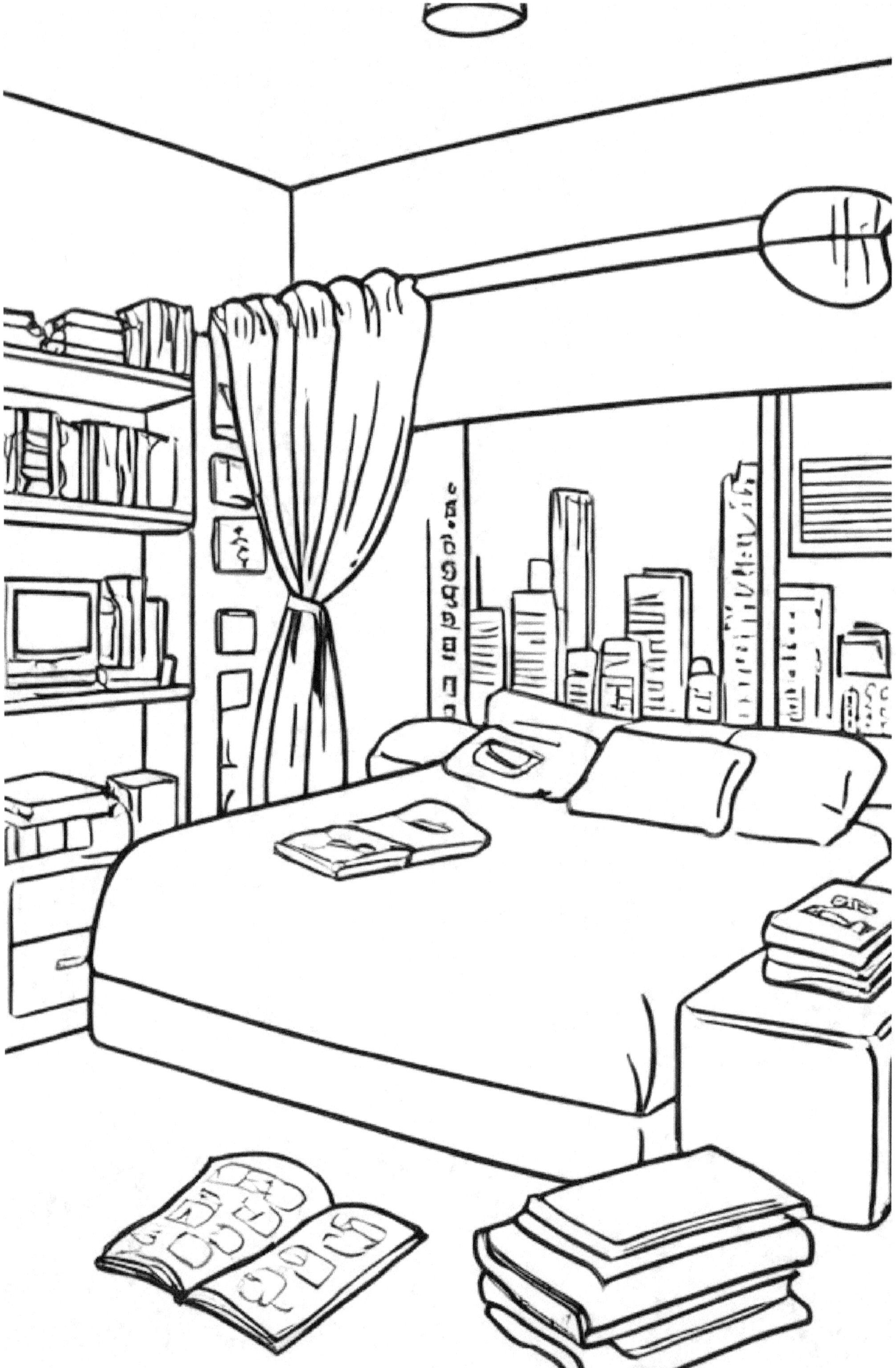

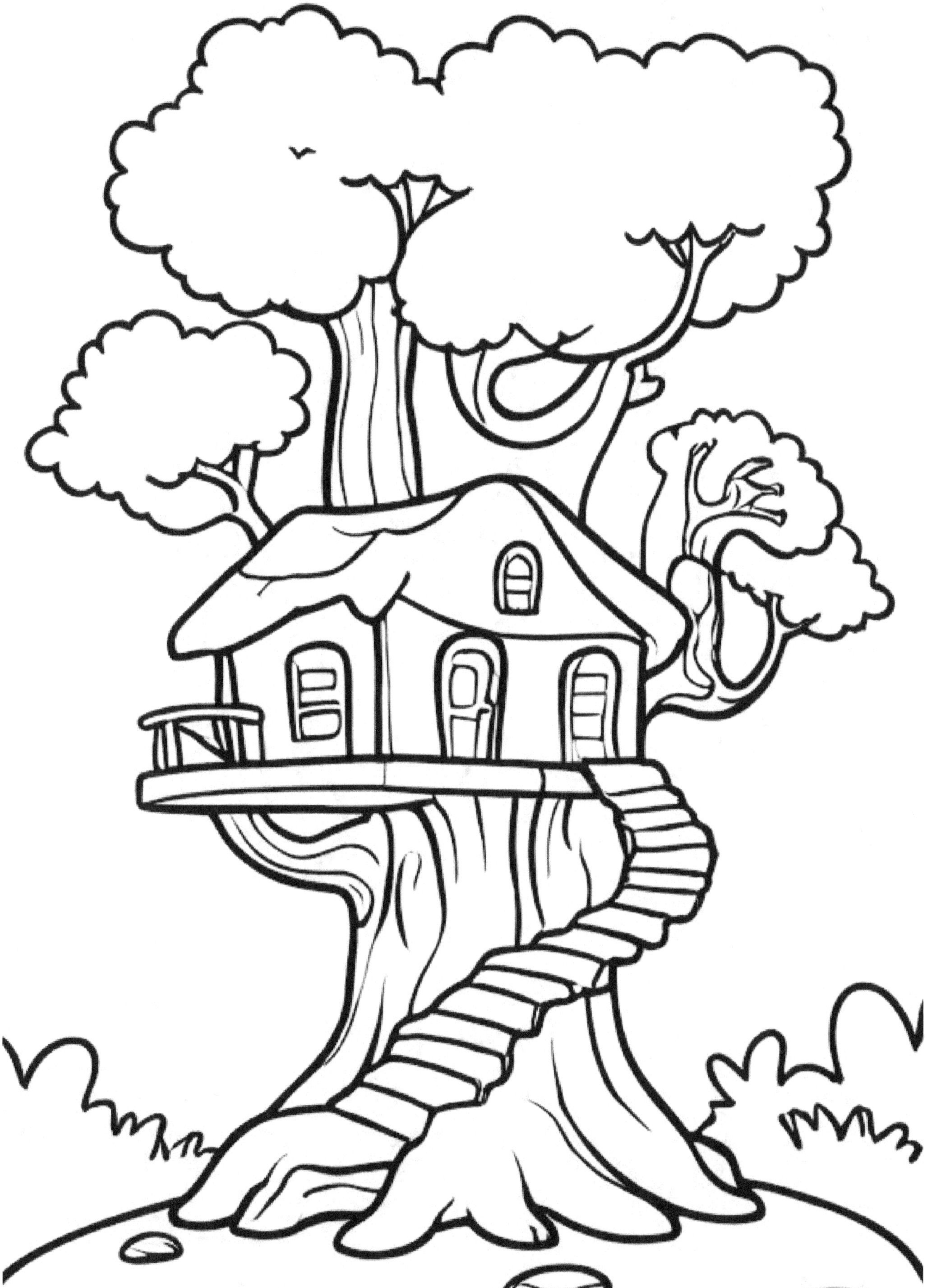

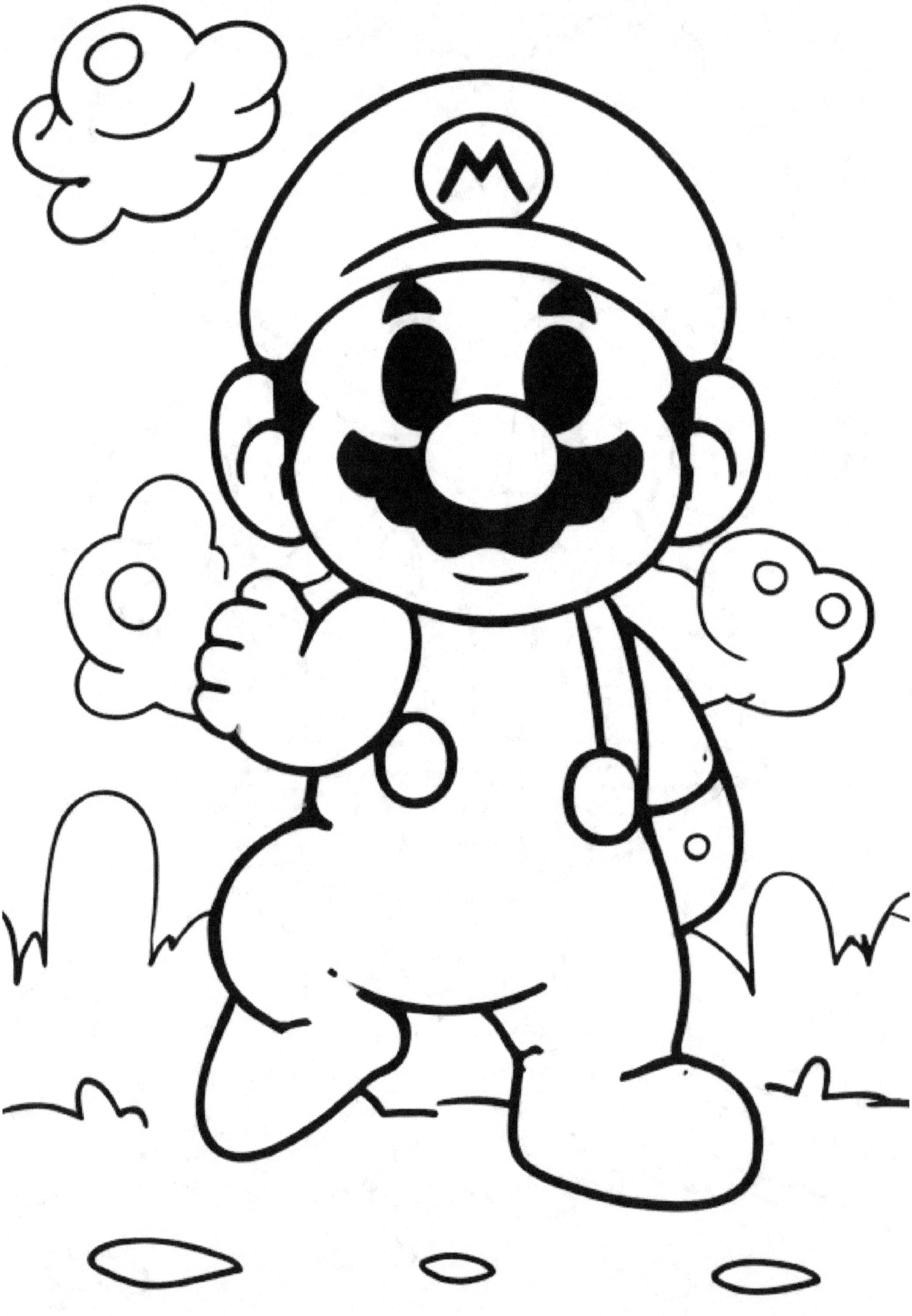
M

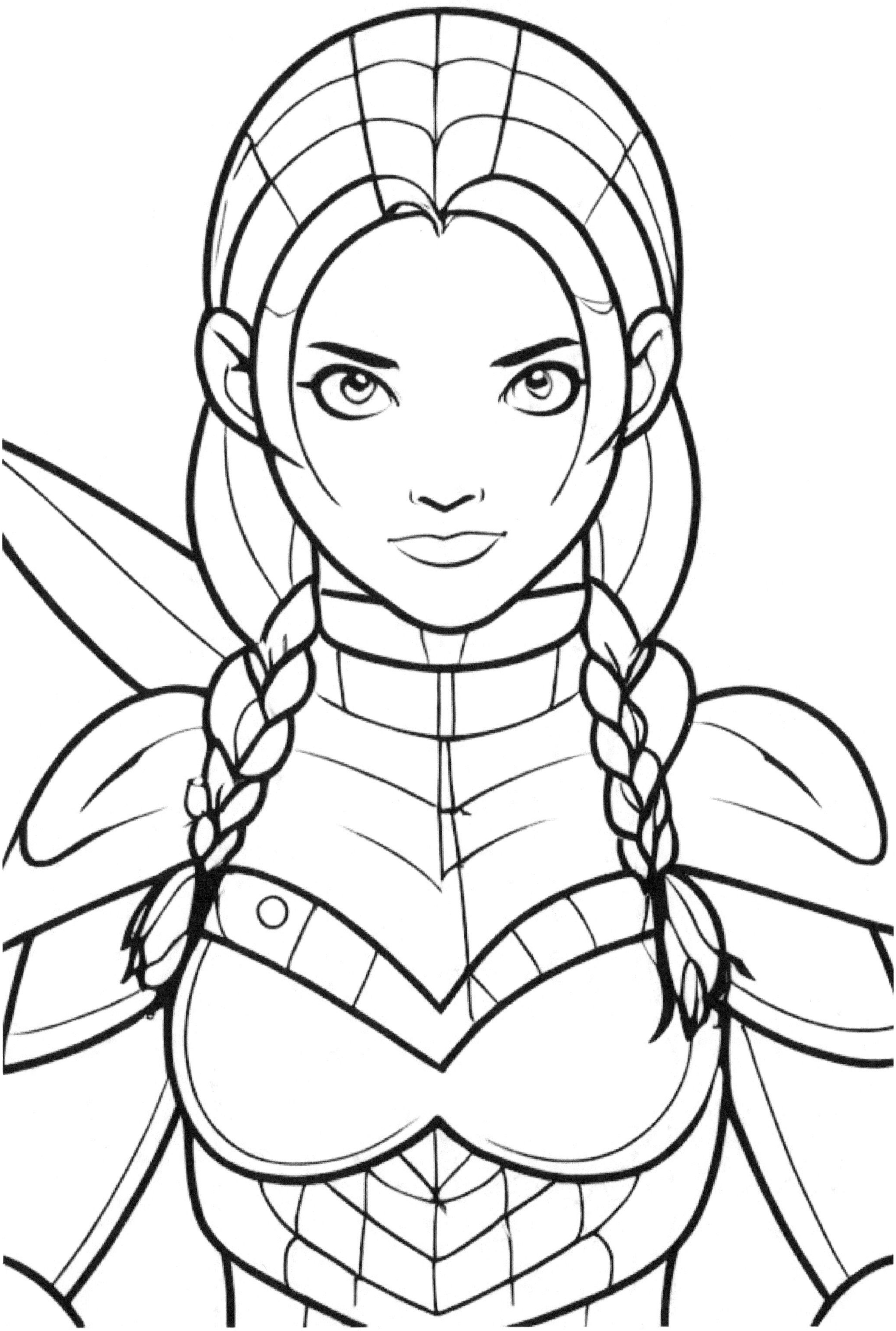

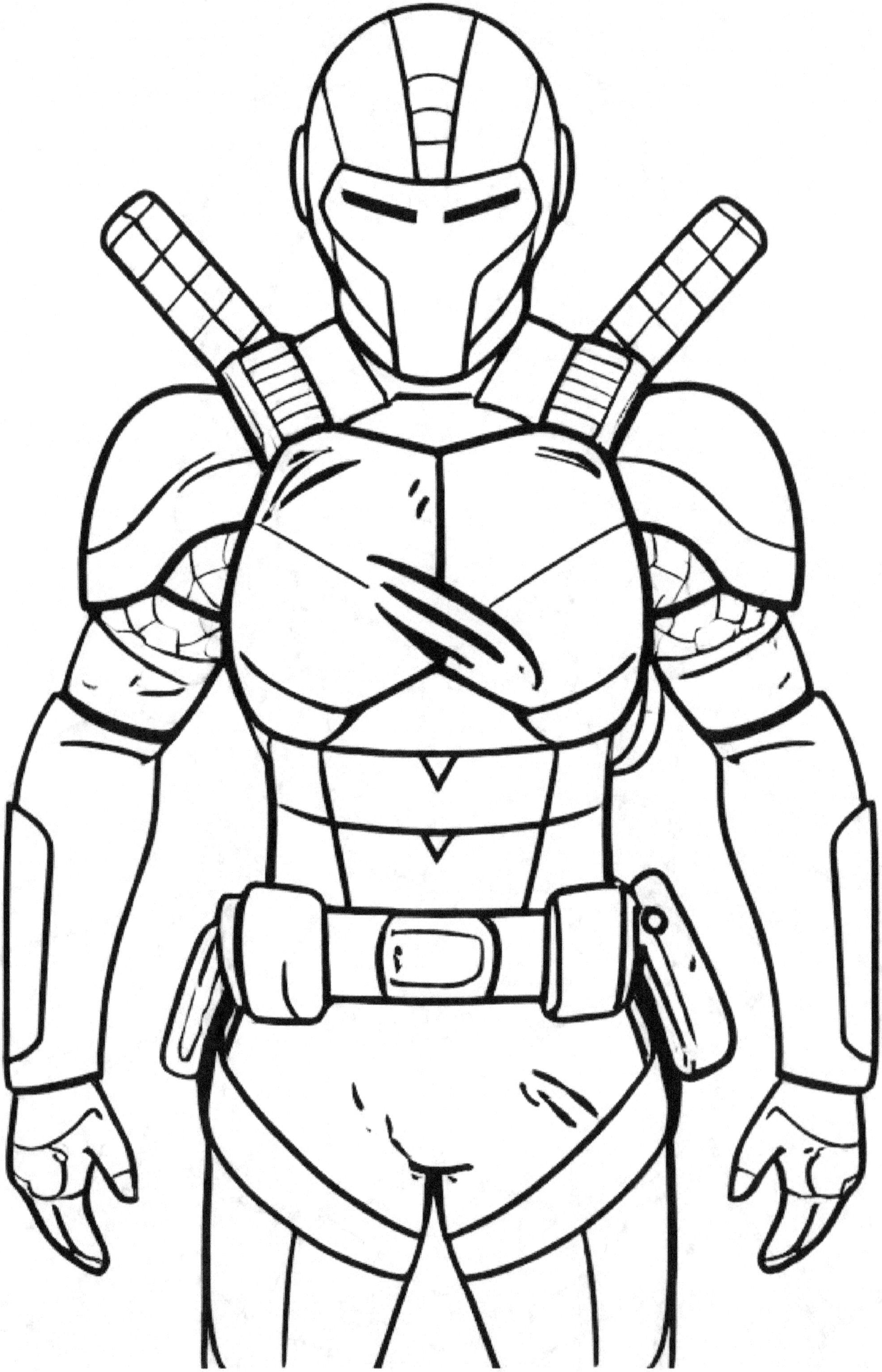

www.ingramcontent.com/pod-product-compliance
Lightning Source LLC
Chambersburg PA
CBHW080940290526
45795CB00007BA/2841
9798879294958